让科技成为
洒满校园的春光

郑岚 林勤———— 著

商务印书馆
The Commercial Press

图书在版编目（CIP）数据

让科技成为洒满校园的春光 / 郑岚，林勤著. —北京：商务印书馆，2022
ISBN 978-7-100-21074-4

Ⅰ.①让… Ⅱ.①郑…②林… Ⅲ.①科学教育学—教学研究—中小学 Ⅳ.① G633.72

中国版本图书馆 CIP 数据核字（2022）第 067355 号

权利保留，侵权必究。

让科技成为洒满校园的春光
郑岚 林勤 著

商 务 印 书 馆 出 版
（北京王府井大街36号 邮政编码100710）
商 务 印 书 馆 发 行
北京顶佳世纪印刷有限公司印刷
ISBN 978-7-100-21074-4

2022年9月第1版　　开本 889×1194　1/16
2022年9月北京第1次印刷　印张 15¾
定价：75.00 元

目录
Contents

第一章　价值——科技教育与育人目标

第一节　活动中塑造人格 …………………………………………002

第二节　学习中开阔眼界 …………………………………………007

第三节　动手中强化实践 …………………………………………022

第四节　创新中思维突破 …………………………………………026

第二章　追求——科技教育与学校发展

第一节　体现学校教育理念的实践 ………………………………034

第二节　形成学校特色建设的机遇 ………………………………040

第三节　提供教师专业发展的平台 ………………………………044

第三章　融合——科技教育与课程建设

第一节　整体设计——课程内容的梳理……………………056

第二节　相互融合——三类课程的整合………………………062

第三节　与时俱进——校本课程的发展………………………073

第四章　实践——科技教育与活动课程建设

第一节　活动课程内容设置……………………………………090

第二节　形成特色——社团课程的魅力………………………095

第三节　创新突破——赛队课程的冲刺………………………108

第五章　引源——科技教育与项目式学习

第一节　PBL 教学………………………………………………122

第二节　STEM 教学……………………………………………133

第三节　头脑风暴教学…………………………………………141

第六章 探索——科技教育与本土化特色教学

第一节 半野生教学 ································· 154

第二节 跨学科教学 ································· 163

第三节 学长制教学 ································· 175

第七章 保障——科技教育与组织管理

第一节 加强组织建设 ······························· 186

第二节 教师队伍建设 ······························· 191

第三节 整合教育资源 ······························· 198

第八章 科技教育与环境建设

第一节 文化氛围的建设 ····························· 208

第二节 创新实验室建设 ····························· 220

第三节 漫思实验室的建设 ··························· 230

参考文献 ··· 242

后　记 ··· 243

第一章

价值——科技教育与育人目标

本章围绕科技教育的价值和意义，阐述了科技教育作为学校教育工作的一个组成部分所具有的教育功能。科技教育强调了创新精神和实践能力的培养，科学精神和科学素质的提升，更强调了科技活动中学生意志品质的增强，科技教育是落实素质教育的抓手和载体。

科技教育的培育应从四个方面展开。第一，人格塑造。科技教育需要培养学生对待生活、对待科学的态度和未来发展的兴趣。第二，开阔视野。通过对社会、对科学的了解和接触，使学生在成长中有更多的选择，实现个性发展、特长发展、智慧发展。第三，强化实践。科技活动能提高学生的实践活动能力、问题解决能力、创新素养的执行能力。它也是创新素养的外显标志。第四，提升思维。特别是高阶思维能力。它既包含了逻辑思维、批判思维成分，也包含了创造性思维的内容。

第一节　活动中塑造人格

科技活动课程的教育目标是多维的，在科技活动的多元体验中，学生从自我个人意志的觉醒到作为一个独立的成人所必须具备的责任意识、合作意识，使自己的注意力、意志力和抗挫折能力不断提高，从而得以全方位地塑造人格。

科技教育强调科学精神的培养，强调中学生意志品质的培养，强调激发中学生的兴趣特长，强调中学生想象力、创造力的培养，因此是中学生"创新素养"培育中极具特色的良好载体。

一、锻炼意志品质

随着对青少年培养工作的深入，学校对教育有了更为清晰的认识，创新意识的培养需要有静如止水的心态和坚韧的意志力作为强有力的基础。急于求成的浮躁心态，是阻碍青少年成长的一个重要障碍，而科技活动正是一个能调节学生心理、培养学生意志的有效途径。

【案例 1.1】静模社里的"修炼"

小李同学作为市西高中静模社的社长，在静模创作中感受到辛苦，更感受到无比的快乐。

在高一升高二的暑假期间，为了准备十月的"航宇杯"比赛，他和社员们顶着高温去学校制作 1/200 杭州号导弹驱逐舰。在完成零件拼装以后，进行涂装和旧化处理。深灰和浅灰的水性漆太容易堵塞喷笔，他只能一笔一笔用手工笔涂，又必须达到看不见笔刷痕迹的均匀程度。于是无奈之下，用喷笔几分钟就能完成的工作不得不被延长了几十倍。他凭借极高的耐心，涂完了甲板、雷达、舰桥、武器等所有上层结构。当看见舰底耀眼的朱红与浅灰呈现出刀削一般干脆利落的分界线时，所有的枯燥疲倦一笔勾销。后来，静态模型社集体参与了第 18 届上海"航宇杯"静态比例模型比赛，作品有导弹驱逐舰、轰炸机、梅卡瓦坦克、牵引车等，辛苦制作的模型作品得到了不少专家的认可。

在进入高中之前，小李同学完全没有想到自己会在学习之余做这么多有趣而"无用"的事情。这不仅是自我充实，也是自我突破。

做模型是个很漫长的过程，它以沉浸式的体验无声地告诉学生：耐心和毅力是人生的重要品质，只要投入精力，就会收获意料之外的体验。

学生在参与科技活动的过程中，会遇到许多困难和挑战，这正是锻炼他们意志品质的良好时机，经过这样长期的训练之后，可以引导学生认识自我，对自己的行为进行自我激励、自我控制、自我调节，使自己的意志力不断提高，更好地实现人格的完善。

二、培育耐挫能力

耐挫折能力是个体对挫折可忍耐、可接受程度的大小，是身心健康的一个显著标志。[①] 著名学者黄学规说过："人生的成功往往是挫折的恩赐。"在某方面有才能的学生中，如果心理发展水平有缺陷、情商不够理想，其或者只能是短期内拔尖，或者只能是在中低水平上表现优秀，缺乏可持续发展能力。在科技活动中培养学生的耐挫能力，使他们能够顽强地战胜挫折，这对他们身心的健康发展、人格的不断完善有着十分重要的意义。

【案例1.2】课题研究的反常

在《大型绿地》课题研究时，就碰到了这种情况。按照绿地的性质，特别是大型绿地，对于噪声一定有抑制和减弱的功能。然而他们在对某一大型绿地进行测量分析时，却发现在绿地的某处出现了反常现象。为此，他们进行了多重假设，并进一步通过实验排除，但是连续五次的实验均未能达到理想的结果。这对他们是一个沉重的打击。从学校到实验地，往返需要一个半小时，每次的测量，需要四个小时，回到实验室还要进行数据分析、图像描绘等工作。连续五次的失败使得学生们身心疲惫，课题组长金吒同学更是气急拍案，甚至撕碎了数据记录草稿

---

① 张小伟：《如何在活动中培养学生的耐挫能力》，载于《小学教学参考：综合版》2008年第9期。

（数据已录入电脑），并提议放弃这一指标。

这种情况下，指导老师对她进行了严厉的批评，特别指出了在失败面前所暴露出来的脆弱心理。同时循循善诱地指导她对实验环境、测试方法、使用仪器、二次回波等进行了再次全方位的分析，终于使这一试验取得了完满的结果。金吒同学在总结这一研究时，不无感触地说道，课题研究的成功，不仅仅是科学方法的学习，更是对自己耐挫能力的培养。

科学的探究从没有一帆风顺的过程，每一项研究和发明，都需要艰辛的探索，都可能碰到失败。只有勇敢地面对失败，永不气馁，才有可能获得最终的成功。在科技活动中应加强心理教育，提高学生的耐挫能力和自我调节能力，这是科技教育的重要内容。培养学生在困境中能够冷静、理性，用思维的智慧面对各种问题，面对挑战；使他们树立面对任务时坚定的决心，以及面对困难和失败时坚强的信念，这样才能完善健全的人格和促进自我的发展。

三、提升合作精神

独立和合作是科学精神的内涵所在。科学的发展依赖于合作的学习方式，合作精神的提升也影响着科技教育的有效性。合作精神是科技教育不可缺少的一部分，在科技活动中，合作精神的基础是尊重每个学生的兴趣和成就，核心是协同合作，最高境界是向心力、凝聚力，反映的是学生个体利益和整体利益的统一，团队协作能激发出学生不可思议的潜力，让每个人都能发挥出最强的效力。

【案例1.3】合作研究，持续学习[①]

F1 in Schools（F1在学校，缩写为FIS）是全球参与国家最多且最著名的青少年综合科技创新竞赛项目之一，每年举办一次国际总决赛，

---

① 本案例由王纪华老师提供。

至今已有近 18 年的成功历史。从首届开始，此项目就借助 F1 赛车之世界顶尖的科技理念、充满激情的运动精神和系统严谨的工程态度，改变着青少年对 STEM[①] 课程的认知、学习方法，并由此吸引着全世界越来越多的学校和青少年参与其中。

一个成熟的 STEM 项目能对学生的团队合作研究学习带来巨大的变化。在这样一个高端的比赛中，对于学生的团队合作有相当高的要求，要培养学生很多团队合作意识的习惯，比如向团队报备自己的动向和可以一起研究的时段。车队的战斗力就取决于车队的团队合作能力。碰到所不知道的领域，需要大家合作去学习、去体验。

FIS 项目需要运用很多技能，比如语言类专业知识技能：中文写作、英文写作、文献查阅能力、电话沟通能力、邮件沟通能力、点对点通信工具沟通能力、网络媒体宣传能力、现场表达能力、危机公关能力；工科类专业知识技能：平面设计能力、三维设计能力、数学计算能力、数据测量能力、权衡能力、数据统计能力、数据分析能力、实验设计能力、工程设计能力；艺术类多媒体专业知识技能：审美能力、色彩分辨能力、色彩搭配能力、自发光与反射光色系的分辨能力、构图技巧、静态摄影、新闻摄影、微视频拍摄、微视频制作、航拍技巧、音乐鉴赏能力、音视频混编能力、多媒体软件应用能力；车队后勤保障专业知识技能：网络各种预定能力、物流成本测算能力、营销能力、财务能力、成本控制、人力资源、团队管理；等等。每个车队的同学不可能是全才。凡是优秀的车队，每个车队成员至少要熟练掌握两门专业技能，并能为其他队员提供 3 到 4 项技能的专业支持，这样的车队可以做到团队成员之间的实力互补，在所有的评分环节几乎没有弱项，这样车队的专业程度才会倍增。

以上是一位科技教师指导学生自主参加 FIS 项目挑战赛后的体会。

---

① STEM 是科学、技术、工程和数学四门学科英文首字母的缩写。

这既反映了"F1 in Schools"项目是学校科技教育的一个很好的平台，从中也可以看出"团队项目研究"是学生各种个性特长挖掘、合作以及各种感官调动、认知风格整合的平台。

人格力量是科学创造力的原动力。开展科技教育的目的旨在培养学生的科技素养，帮助学生热爱科学，树立科学精神。科技教育渗透了素质教育。在开展科技教育的过程中，只有将其与人格教育融为一体，才能真正发挥学生发展的主体性。

第二节　学习中开阔眼界

在科技教育和活动过程中，学生们一方面可以将传统课堂上学到的各类学科知识应用于科技实践中，分析、解释和解决活动中遇到的实际问题；另一方面，当已有课堂学科知识不足以解决问题的时候，就需要学生学习掌握新的、与问题相关的科技知识。

这是一个不断遇到实际问题、不断巩固已有学科知识、不断学习科技新知识、不断将各类知识融会贯通解决问题的迭代过程。在这个过程中，学生不仅习得了新的知识，还习得了解决实际问题的方法，开阔了个人的眼界。

一、学科知识的应用视野

学生在传统课堂里学习了进行科技学习与探究所必需的基础学科知识，包括数学、物理、化学、生物、计算机等各个学科。传统课堂限于条件，很难让学生有足够的时间和条件将学科知识真正用来解决实际生活中的问题。而在科技活动中，则可以利用科创实验室的丰富资源，来给学生创设运用学科知识解决实际问题的真实情境。

【案例 1.4】数码灯设计实现的教学过程

教师：我们已经学习了直流电路中电路连接和开关的使用，今天我们要完成相关内容的应用设计。

"数码灯"是我们经常看到的显示装置。它用七根灯管组成发光部件，通过控制可以表示出 0—9 十个数字。数字"1"、数字"7"、数字"4"、数字"3"的显示如图 1-1。

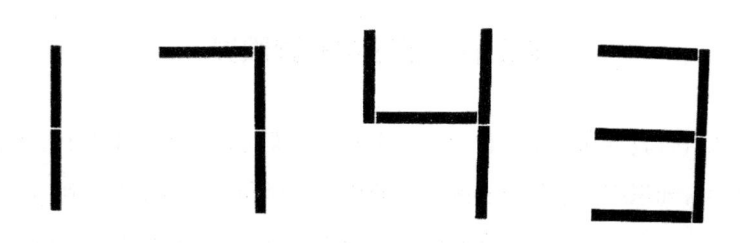

图 1-1

教师：现在我们布置两项任务。

任务一：给出五个小灯泡（分别代表不同位置的灯管），三个双刀单掷开关 A、B、C，学生电源一台（提供直流电源），导线若干。

要求：设计并连接后，开关不闭合，所有灯泡不发光；

　　　闭合 A 开关，显示出数字"1"；

　　　断开 A、闭合 B，显示出数字"7"；

　　　断开 B、闭合 C，显示出数字"4"。

说明：灯泡不得串联。

任务二：增加一个灯泡，增加一个双刀双掷开关 D。

要求：设计并连接后，开关不闭合，所有灯泡不发光；

　　　闭合 A 开关，显示出数字"1"；

断开 A、闭合 B，显示出数字"7"；

断开 B、闭合 C，显示出数字"4"；

断开 B、C，合上 A（显示出数字"1"），再合上 D，显示出数字"3"。

说明：灯泡不得串联。

学生：复习已经学过的各种开关的使用。如单刀双掷开关用于楼梯灯控制、双刀单掷开关用于闸刀开关控制、双刀双掷开关用于直流电机正反向转动控制等，如图1–2。

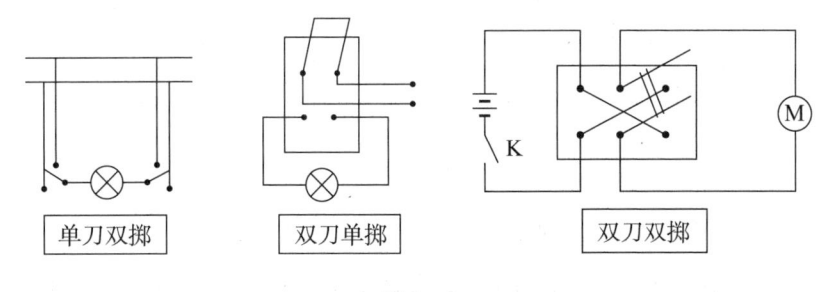

图1–2

讨论：学生们对于双刀双掷开关进行了重点讨论。

当中央双刀的掷点接入电源时，两端接入不同用电器电路，双刀开关可以同时控制两个电路；当中央双刀的掷点接入用电器电路时，两端接入不同电源，开关可以提供两种电源供选择；当中央双刀的掷点接入电源时，每一侧为一个独立用电器电路开关可以使这两个电路的工作性质正好相反。

据此，学生很快设计出了数码灯的电路图，如图1–3。

评价：设计制作完成后，学生们根据这个设计进行了实物连接，确实达到了任务要求。接着学生们又对这个设计进行了评价。这个电路图并不是最理想的，开关的选择就是一种浪费，至少可以用三只双刀单掷开关代替双刀双掷开关。

图 1-3

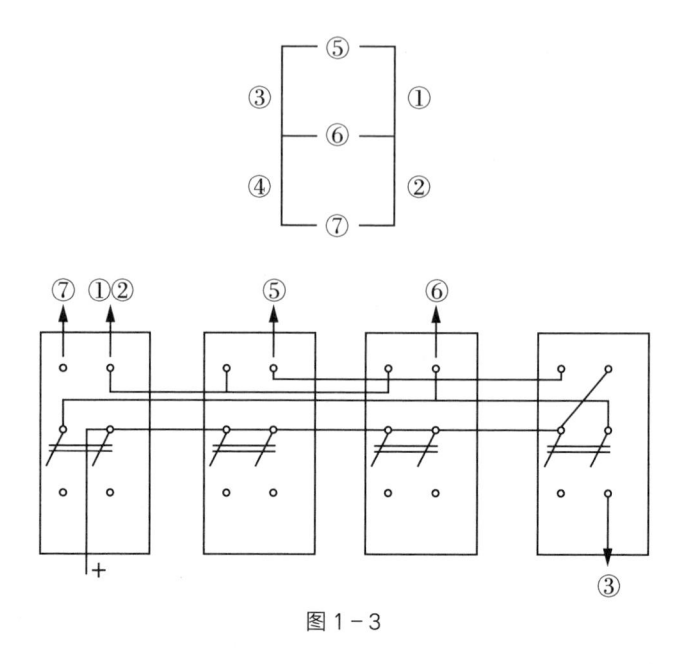

上面所举案例中，通过科创实验室提供的实际电路实验设备，创设一个与课堂上所学的直流电路中电路连接和开关的物理学科知识相关的实际情境，让学生围绕数码灯设计这一主题，运用学科知识，解决问题。在这个过程中，不是由教师直接告诉学生应当如何去解决面临的问题，而是由教师向学生提供解决该问题的有关线索，并特别注意发展学生的自主学习能力。学生通过自主学习和切身体会，加深对于课堂所学知识的理解，真正能够做到融会贯通。

二、问题解决的发现视野

在科技活动的过程中，会遇到各种需要解决的实际问题，而且往往是开放性的问题。如何迎难而上解决这些问题，对于学生而言，是个不断学习、不断提升的过程。除了能够灵活运用课堂所学学科知识外，学生还需要能够在教师的帮助指导下，进行自我学习、自我探索；不只是局限于已有知识，还要通过查找各种线上线下资料，学习新的、与问题相关的课外知识，提升自己的视野，解决实际问题。同时，还要注意团队协作、通过团队内成员的分工、互相支持，达到事半功倍、加快解决问题进度的效果。

【案例1.5】汽车重力发电原理的模拟实现

汽车重力发电，是近年来国外研制的一种新型发电技术。在汽车通过的路面上，铺设一组高出地面约 2cm、宽约 76cm 的金属板（俗称冲击板），每块板的下面，都设有一个充满液压流体的容器。汽车驶过冲击板时，车重可使容器产生很大的压力，迫使流体从管道流向发电厂，带动发电机发电，然后再经过管道，重新流回至容器中。据计算，每辆一吨重的汽车，驶过金属板时，可发出约 1.5kW·h 的电能。因此现代化城市的交通干线路口，是安装这一发电设备的理想场所。美国纽约市已实验安装了这样一套装置，并于 1981 年开始供电。其每度电的价格比美国现在国家的均电价的 1/4 还要低。不过这种发电技术，现仍处于研究和试行中。

在学生社团课程中，学生们阅读到了上面的内容，对这一技术产生了浓厚的兴趣，但有关这一技术的细节，尽管进行了多方资料查阅，仍然毫无结果。

于是能源组的同学分成了三个小组，从零开始，集思广益，尝试自主解决这个问题。同学们根据自己的生活经验，分别提出了包括弹簧式旋转发电装置和风箱式气压发电装置在内的多个模型。之后，运用"头脑风暴"对各个备选方案的优缺点以及可行性进行了细致的论证分析。对存在的问题进行了针对性的改进，于是提出了新一版液压式方案。

学生们绘制了原理图（见图1-4）：金属板受压时，活塞下行，使活塞室内液体压力增加，原来关闭的阀门 K_1 打开而阀门 K_2 被关闭，液体流向压力室，使原来压力就高于其他室的压力室液体，从通向尾水室的管道流出，冲动水轮机，进入尾水室。

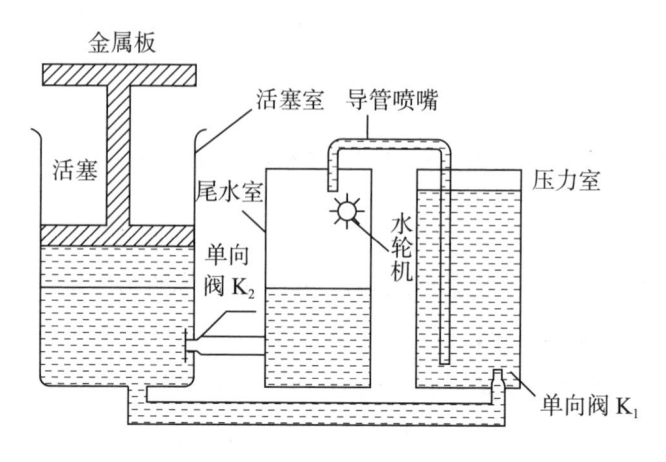

图 1-4

接着，同学们又开始了模拟实验（见图 1-5），将插有玻璃管的广口瓶，用橡胶软管与注射器相连，构成活塞室。压力室和尾水室也依照此法，用插有玻璃管的广口瓶代之。阀门 K_2 因密封要求不高，采用了普通的止回阀。而 K_1 因要求密封性能良好，一般止回阀已不能使用，经过实验比较，最终选用了 DIF-L10H 内簧式阀门，开启压力为 0.4×10^5 Pa。当注射器针筒直径为 5cm，所施压力（砝码质量）为 10kg，且活塞室和压力室液面高差不大于 100cm 时，完全可冲开此阀，活塞移动的距离约为 2cm，现象非常明显。

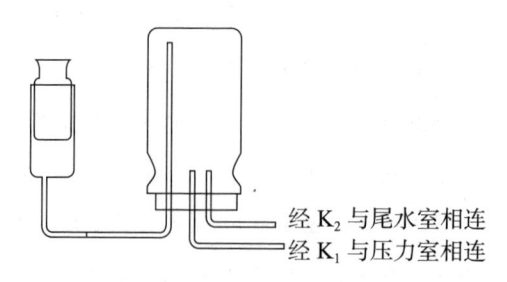

图 1-5

至此汽车重力发电的模拟实验已成功完成。学生们总结了课题研究中的思维方法和学习方法，撰写了实验报告《汽车重力发电的模拟实验》。目前，这一研究已经申请了国家专利。

【案例1.6】太阳能滴灌装置的设计与模拟实现

上海许多小区都安装了纯净水供给装置。一个巨大的净水器，连接着自来水进水管，接通电源开始工作后，自来水被净化，顺着出水口，流入居民放置在出水口下的净水桶中，为居民的用水提供了便利。但是净水器在工作时，尾部的排水口却要不停地排出少量的自来水，既浪费资源，又影响环境，成为净水提供时极不和谐的景象。——怎样解决这个问题呢？小徐同学开始了思考。

方案的设计：

滴灌技术，这是小徐同学在环境课上已经了解的知识，借助滴灌技术用排出的水浇灌小区的绿地是个好主意。但滴灌需要水泵，水泵工作需要动力，这又该如何解决？改造净水器吗？改造一个已经投入市场的设备，不太可能。提供一组民用电？当然没问题，但年复一年、日复一日的电能消耗也是一笔开支。怎么办呢？小徐同学想到了利用太阳能供电。

利用太阳能供电说起来很简单，但仔细分析，有很多细节值得推敲。

太阳能电池板总是要使用的。每一块电池板的光照电压是多少，用多少个电池板，采用哪一种连接方式比较好，净水器不工作时太阳能电池板输出的电流怎么储存……一系列问题摆在了小徐同学的面前。

到能源实验室去做实验！小徐同学下定决心解决这些问题。

实验的探究：

实验室里，小徐同学联合另外三位同学，组成了课题组。

她们仿照"测量电源电动势和内电阻"的方法，对近40块太阳能电池板进行测量，了解了不同型号电池板电动势和内电阻的不同数据。

她们找来了直流电动机和配套的潜水泵，阅读了电机和水泵的工作参数。据此她们计算出了与电机正常工作匹配的太阳能电池板数量——28块电池板。

但太阳能电池板电能储存的问题始终没有办法解决。

储存电能最简单的方法是使用蓄电池，但给蓄电池充电的太阳能电池板电压一旦低于蓄电池电压，就会出现蓄电池反向给太阳能电池板充电的情况，这怎么办呢？对了，可以使用单向导通的二极管！在教师的指导下，小组同学又开始研究起二极管。

单向导通的性质、最大承载电流、反向击穿电压、正向和反向电阻……一次次测量、实验，当她们最终并联了4个二极管构成单通控制器时，太阳能滴灌装置的设计终于实现了。这项设计后来获了奖，小徐和她的同学们，也在这项研究过程中，收获了学以致用、服务社会的喜悦。

以上两个案例涉及的知识，都可谓是"来源于课堂，而又高于课堂"。案例1.5的重力发电项目，本质上是一个重力势能转化为电能的过程，学生在物理课"能的转化和能量守恒定律"的教学过程中，早已掌握相关理论。而无论是弹簧式、风箱式还是液压式方案，其所涉及的原理，也都在物理课堂上接触过。同样，案例1.6中太阳能发电的原理，也在物理课教学中有所涉及。但是在实际研究项目中，如何用这些原理解决项目所面对的问题，则是开放性的，没有标准答案，无法像课堂习题那样，通过几个公式解算就可以解决。

这就需要学生进行研究、进行资料查阅、通过自身的努力找到解决问题的方法。要允许学生以自己的眼光和能力去发现问题，要允许学生使用广泛的解决方法和策略去分析这些问题，要允许学生以自己的知识结构理解和解释这些问题，同时也要鼓励和引导学生进行相互协作，合理分工。经过这样的研究项目的历练，即使最终问题解决的结果不一定是最好的，但唯有这样，学生才能在这个过程当中提升他们分析问题、解决问题的能力，开阔自己的眼界。

三、现代科技的发展视野

现代科技发展日新月异，诸如人工智能、区块链、物联网、量子计算、量子通信等高新技术不断地涌现、进入并影响着我们的生活。尽管这些技术听上去十分高端，带着几分神秘，但它确实实实在在地与我们的生活日益联系紧密。

尽管高中生的理论学科基础、抽象思维能力以及问题分析能力，还不足以深入地、完全地掌握这些现代高新技术，但是可以通过科技创新活动，结合科创项目研究，利用学校科技创新实验室硬件资源和校内外教育合作机构资源，让学生一定程度上接触、了解、学习、应用这些现代高新技术，帮助他们解决一些科技项目问题的研究。对学生个人的科学素养成长，问题解决能力的提升，以及未来人生规划和专业选择，无疑是有很好的帮助的。

【案例1.7】基于四旋翼无人机云台的摄影测绘

2019年4月15日，巴黎圣母院燃起熊熊烈火，造成其著名尖形屋顶被焚毁等重大损失，所幸一位艺术历史学家运用勘探点云技术，记录下了数据资料，并为其生成了三维模型，使之有模板可以重建。这个新闻引起了无人机社三位同学小郑、小徐和小黄的注意。通过上网查阅资料，他们了解到之前我国重修古建筑由于没有模板，导致修成之后与原建筑相比有较大偏差，也失去了旧时的韵味。

而如今随着无人机测绘技术的逐渐成熟与完善，仅仅是一台民用无人机、一款规划飞行路线和自动拍摄图片素材的软件，以及一款三维建模软件，就可以完成一次精确的空中测绘，其便利程度远超以往。恰好他们在无人机社社团课程中，学过四旋翼无人机航拍技术和三维建模技术的相关知识，这些技术都可以应用于建筑建模上。于是他们开始了"基于四旋翼无人机云台的摄影测绘"项目的研究，以市西中学校园为例，探究建筑建模新方式。

在前期理论准备阶段，几位同学在网络上搜集了大量关于无人机测绘方面的资料，包括其诞生背景、理论依据、所用无人机要求、飞行路线规划、取样方法、数据处理方法、前景及应用等，对其中的理论依据、无人机要求和数据处理方法进行了研究，并制订了包括选用的无人机型号、摄影测量技术、航拍路线选择方案、三维建模技术等在内的、完整的课题研究方案计划。

前期方案制订完毕后，就开始中期的航拍数据采集工作。这涉及航线规划和航拍数据采集实验的工作。

第一次实验进行途中，由于对巡航高度估测比实际低，导致了无人机在即将撞上建筑物前开启了自动避障，拍摄取样工作暂停。学生在仔细分析原因后得出解决方法：楼高应该运用无人机精确测量高度而不是估测。

第二次实验中，经过精确测量后，将无人机的巡航高度升高为60米，无人机分别从上、左右、前后进行拍摄，共计5次。除了软件自动规划的航线外，还对没拍全的一些校园角落进行了手动拍摄，尽可能不放过任何一个角落，最终完成了所有数据采集拍摄任务。

得到数据后，就用名为Acute3D Viewer的3D建模软件（见图1-6）将所拍摄的所有图片生成点图，结合位置信息进行处理，通过复杂的多视影像密集匹配、空三解算和多节点并行计算，转换成由点云构成的三维立体建模。

经过课题组各位同学的努力，一个凝聚着大家心血的完整的市西中学三维建筑模型（见图1-7），终于呈现在大家的眼前了。课题组带着这个项目参加上海市明日科技之星比赛,获得了"明日科技之星提名奖"。

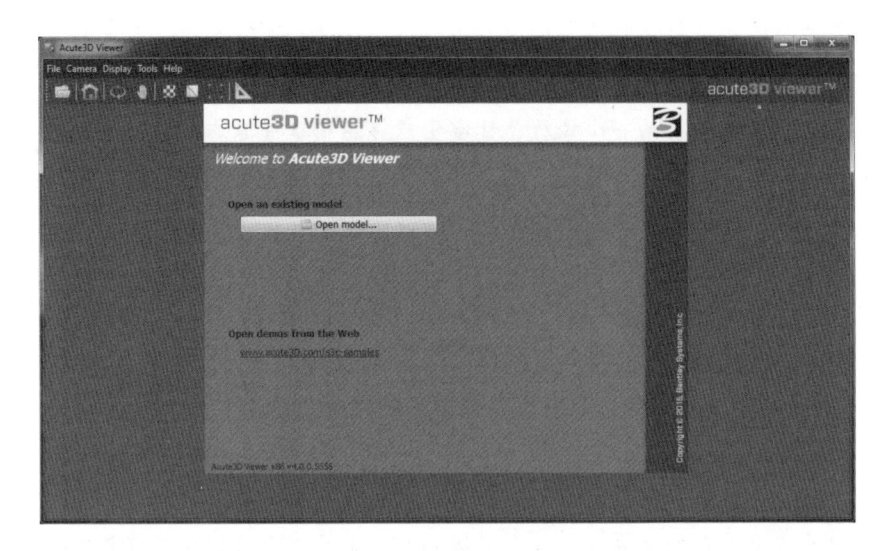

图 1-6

图 1-7

市西中学的无人机社团活动形式丰富多样。除了常规的无人机原理教学以及无人机操控飞行练习和实践活动之外，学校也请了专业机构对学生进行了无人机摄影测绘技术和图像处理技术相关课程的教授。也正是由于这样的一个课程，让学生能够运用掌握原本对他们来说有些高深的技术的使用方法，从而能够应用到他们所关注的实际问题解决中去。当看到自己朝夕相处的校园以精美的三维立体模型展现在自己面前时，学生就不再觉得测绘技术是那么高冷神秘，而是有了熟悉和掌控感。

【案例 1.8】基于人工智能声音识别技术定量判断婴儿母乳摄入状态

母乳是婴儿最好最天然的食物，母乳喂养是全球范围内最提倡的婴儿健康饮食的重要方法，也为婴儿和母亲带来众多好处。但是新手妈妈往往对于宝宝究竟喝了多少奶不甚了解，因为每个妈妈的出奶量不同，特别对于奶少的妈妈，宝宝看着在吮吸，实际上并没有喝到奶。因此，很多妈妈都放弃了亲喂母乳而选择瓶喂母乳。对此问题，小 G、小 C 和小 Q 三位同学，想要设计一种定量测定母乳摄入量的设备，来帮助新手妈妈们更精确了解宝宝的喝奶量，使母乳喂养更加便捷与高效。

为了实现定量判断婴儿母乳摄入的功能，需要采集足够多的婴儿吞咽母乳的声音信息。课题组使用身边所能得到的各种微型麦克风，并将其固定在婴儿右耳下方垂直距离三指处。在低噪声场所中，通过声音感应（即耳机声音传递），对婴儿在吞咽指定量母乳时的声音进行录音。先后测量了 20 多位 0—7 个月婴儿的吞咽声音信息，共收集 150 组音频数据，并在设计好的表格（表 1-1）中记录下相关的时间、喂养量等信息。

表 1-1

序号	液体体积 /ml	吞咽时间 / h:min:s ± 0.1s	吞咽次数 / 次	每次吞咽量 /ml
1	40	0:06:89	4	10.00
2	40	0:06:19	4	10.00
3	40	0:05:69	4	10.00
4	40	0:07:78	5	8.00
5	40	0:04:50	3	13.33
6	50	0:07:69	5	10.00
7	50	0:11:39	7	7.14
8	50	0:08:29	5	10.00
9	50	0:11:60	8	6.25
10	50	0:10:39	6	8.33
11	60	0:11:29	7	8.57
12	60	0:13:09	8	7.50
13	60	0:12:30	8	7.50
14	60	0:15:80	8	7.50
15	60	0:12:69	7	8.57
16	70	0:12:89	10	7.00
17	70	0:15:49	10	7.00
18	70	0:11:59	10	7.00
19	70	0:17:29	11	6.36
20	70	0:14:89	10	7.00
21	80	0:18:70	10	8.00
22	80	0:22:19	12	6.67
23	80	0:20:79	12	6.67
24	80	0:20:60	13	6.15
25	80	0:20:70	11	7.27

有了足够的音频数据后，如何让机器具有对其进行分析、准确计算出母乳喂养的吞咽次数并推算出摄入量的能力，是摆在课题组面前的一个难题，也是本项目能否取得成功的关键所在。在与学校合作建设 AI 实验室的商汤科技的专业工程师的帮助和指导下，课题组同学找到解决该问题的方法：他们采用 Python 编程将吞咽音频转换成清晰直观的波形图（见图 1-8）及散点图（见图 1-9），并将采集到的 100 多组数据以及音频图（已改为 wav 格式）输入 Python 程序中，由内部程序将已采

集到的音频图转为波形图及散点图来体现母乳喂养量的吞咽次数。从数据分析中能看出，吞咽次数与瓶喂体积呈正相关，说明记录吞咽次数可用于有效估算哺乳量，且其中 80% 的数据由 Python 程序精准判断出婴儿吞咽次数，与实验相符，存在有效和精确性。

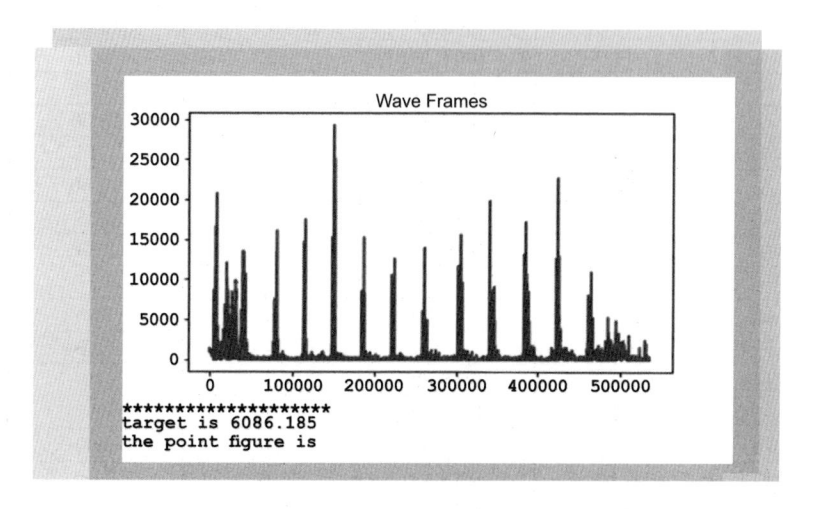

图 1-8　由 Python 程序编辑的波形图

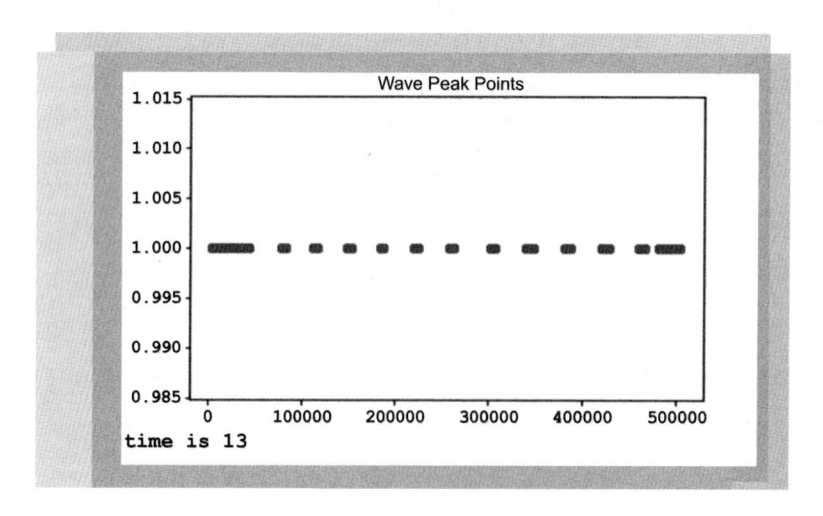

图 1-9　由 Python 程序编辑的散点图

最后，课题组将这些采集到的数据作为数据库来帮助编辑母乳测量App软件，妈妈们可以通过App上呈现的"母乳喂养报告"，清晰直观地了解婴儿在相应时间内摄入母乳量及更多人性化反馈，如对照国际母乳摄入量标准，提供相应喂养参考建议等。（见图1–10）

图1–10

和无人机摄影测绘案例相类似，本课题是现代科学技术与学生研究课题相结合的一个范例。市西中学积极响应《国务院关于印发新一代人工智能发展规划的通知》中关于"在中小学阶段设置人工智能相关课程"的号召，率先建成了全国第一个面向高中阶段的人工智能实验室，并和商汤科技这样的专业AI公司一起合作，打造人工智能的相关课程，帮助和指导对于人工智能技术感兴趣的同学进行相关课题研究。通过专业人士的"帮一下、扶一把"，学生们能够运用人工智能技术，克服研究过程中遇到的母乳吞咽次数精确测量的难题，从而使研究项目取得了预期的成果。这不仅增强了他们学习现代科学技术、解决实际问题的能力，还帮助他们拓宽了自己的视野，增强了科技素养，为将来的专业选择和人生发展提供了良好的参考。

通过科技活动的实践和锻炼，学生们开阔了自己的眼界。无论是学科知识的应用视野，问题解决的发现视野，还是现代科技的发展视野，都变得更加开阔。由此可见，科技活动是传统课堂教学的必要补充和更深层次的拓展，是培养学生素质的重要途径。

第三节　动手中强化实践

在科技教育的实施中，理论学习与学生的实践活动相结合是基本思路。科技活动的实践，为学生想象力、创造力的绽放，搭建了不可替代的舞台。通过全面开展科技活动，来激励学生创造发明的欲望，培养学生的动手实践能力，提高学生的科技素质，促进学生的个性发展，发展学生的兴趣特长。

一、普及型活动的实践

科技教育发展与科技教育的普及和提高有着密切的联系。广泛开展科技活动带动和鼓舞了同学们参加科技活动的热情，并从中表现出丰富的想象力和创造力。为了使科技教育面向全体学生，为每一位同学创造科技新天地，市西中学建立了每年上半年一届的校园科技节及下半年参加市、区科技节的活动制度。

【案例1.9】科技赛事，让高中生活更精彩！

小张同学和市西科技活动的故事，要从刚进校时的一次微型讲座说起。那次讲座中，他了解到这是F1方程式赛车的衍生项目，旨在让高中生参与小型的F1赛车的设计、测试、制造和竞赛，并为此提供营销、赞助和品牌推广。让他特别惊喜的是，学校还专门为此项目设立了实验室，并配有小型风洞和加工铣床等设备。

根据自己的兴趣和特长，小张选择了赛车设计师这个职位，主要负责赛车建模、测试、渲染的工作。设计师须掌握建模软件 SolidWorks，风洞实验软件 Autodesk CFD 等工程类软件。在他学习使用这些软件的过程中碰壁数次，好在诸位老师及学长学姐都给予了他很大的帮助。

在车队里，他有幸认识了王纪华老师，他被大家戏称为老王。老王的指导让他受益匪浅，队友的陪伴也在他的成长当中起到了重大的作用。队友们共同的爱好与目标，支撑他勇往直前。比赛前夕实验室的灯总是亮着，最后离开学校的总是他们几个忙忙碌碌的身影。

一年一度的市西 STEAM 挑战赛是他的起点。克服了初来乍到的困难，在团队的合作之下，他不断改进车辆关键部位的设计，使其既便于制造师加工又能达到很快的车速。在后来的 F1 大奖赛上海赛上，他们车队很荣幸地进入 F1 维修区参观，令他大开眼界，也算是圆了一个设计师的梦想。一个月后，在大家共同的努力下，他们在中国赛中获得季军，成功登上世界赛的舞台。

2019 年 11 月，他们代表中国上海飞往遥远的阿布扎比参加世界总决赛，来自 30 个国家的 55 个队伍在这里交会比拼。他们准备充分，训练有素，在淘汰赛中光荣斩获第四名。这次难得的比赛开阔了他的眼界，留下了许多宝贵的回忆。

在市西浓郁的科技氛围里，小张的技术水平不断提高。更重要的是，他还学会了平衡繁忙的学业与兴趣爱好，是车队激励他，帮助他克服了拖延症，挖掘了自己原本没有展现出来的才能，让他找到了真正持久的兴趣所在。

通过普及型活动的实践，向学生宣传科学技术是第一生产力，普及科技知识，引导学生热爱科学、崇尚科学，展示 21 世纪科学的广阔天地。通过全面开展科技活动，来激励学生创造发明的欲望，培养学生创新能力和动手实践能力,提高学生科技素质。科技普及型活动已成为市西校园文化生活中一道亮丽的风景线。

二、专项型活动的实践

所谓专项型活动,其目标是高中生思维的培养,其具有一定的特色。这种特色可以是内容上的特色(如思维知识学习),可以是形式上的特色(如"做中学"),可以是环境上的特色(室外或校外的),也可以是教学上的特色(如创新实验室)。专项型活动应能创造更多学生动手实践的机会,使他们在实践中主动学习,在实践中发现、反思,从而提升自我。

【案例1.10】帮学生寻找自己的彩虹[①]

《环境化学实验探究》这门课程的设计初衷是为对化学实验感兴趣、有一定的钻研精神和动手能力的学生而设计的。因此选修本门课程学生的共同特征是喜欢实验、喜欢探究,并善于动脑和动手。在此基础上,本门课程提供给学生广阔的个性化选择空间,并按照学生的选择来指导其逐步实现自己的方案。

本学期第一节课除了安全教育外,并没有进行授课,而是给学生足够的时间,来了解实验室全部仪器的名称及型号;在学生对实验室的仪器有了基本了解之后,老师将本学期的课程模块展示给学生,学生可以根据自己的兴趣,任意选择模块下的实验课题,虽然老师已经有了既定的实验方案,但是并不提供学生实验方案,只提供实验方向,如空气中颗粒物含量的测定,食盐中碘含量的测定等。学生可根据自己感兴趣的方向

---

① 本案例由依秀春老师提供,收录于《高中生高阶思维能力培养的实践研究》,上海:华东师范大学出版社,2019年。

选择仪器和实验方向,如小朱同学根据实验室现有仪器紫外可见分光光度计,结合不同模块方向(如生活环境模块),经过初步查找资料(课上学生可以使用手机作为学习工具,随时查阅相关资料),认为分光光度计可以测定食盐中碘含量。

放学回家后,小朱同学根据目前的已有知识体系进行知识梳理,他并不清楚食盐中为什么会有碘?于是,他通过即时通信工具QQ联系到老师,询问了该问题,老师引导他思考碘有什么作用。小朱知道碘元素的一些基本用途和作用,但是还不能理解为什么食盐中要加碘。其实这一点上海的学生确实不熟悉,因为上海靠近海边,日常食物中如海鱼、海虾、海带、海苔等,已经补充了足够的碘元素,而中国的内陆地区,不能常常食用海鲜,身体容易缺乏碘元素而造成甲状腺肿大,因此国家规定,这些地区可以通过食用加碘盐来补充碘元素。经过一番解释,小朱同学明白了,他继续查阅资料,又发现食盐中的碘含量检测有很多种方法,除了分光光度法测定,他最熟悉的方法是碘量法测定,因此他改选用碘量法(允许每个同学做一次更换或调整)。碘量法测定过后,小朱同学对"高大上"的分光光度计仍有浓厚的兴趣,于是他又查找了分光光度计的原理及使用方法。

在下一次上课时,小朱同学便做好了PPT,向大家展示自己查阅资料了解的分光光度计的工作原理、注意事项、适用范围等内容,虽然他并不理解很多操作步骤是什么意思,但是原理他还是讲清楚了,其他同学通过倾听和提问的方式与小朱交流,同学们思想碰撞出了许多小朱同学一时难以回答的问题,他决定下课后继续查找资料,争取解决同学们提出的问题。

课后,小朱同学通过查阅资料,并通过和老师交流讨论,一起分析资料,最后他们得出相应问题的解释。

接下来的拓展课中,小朱同学和两名同学合作,经过反复的对比、校正，减小了实验误差，自己做出了一条近乎完美的实验曲线（误差极小），为了得到这条曲线，小朱和同学反复实验、查阅资料花费了很多个下午放学的时间，但是看到自己做出的实验曲线，他们都很兴奋，也收获了很多。

小朱同学现在很喜欢这样细致的实验，有时候太晚了，老师让他早点儿回家，他都坚持要再做一次，看看误差在哪里。这时老师也会一直陪着他到做好为止。

从这个案例中可以看到学生在科技专项性实践活动中，能根据自己的兴趣选择自己感兴趣的实验及方法，并通过查阅资料和与老师讨论，扩充了自己的知识；通过学生之间的帮助和合作，更深刻地理解了实验过程中操作规范的重要性，还能自己分析误差来源，做实验也越来越精细，找到了自己的兴趣所在。

通过设计、动手实践，学生克服了以偏概全、浅尝辄止、孤立片面、生搬硬套、思维广而不深、虚而不实等问题。学校为培养学生科学的理性和求实创新的精神创造了良好的条件。

普及型实践活动与专项型实践活动的整合能使学生科技素养得到充分的培养，使更多的同学投身于科技的研究之中，也极大地丰富了科技教育的内容，多年来实践证明，这已形成我校科技教育的特色。

第四节 创新中思维突破

从 2010 年起，学校参与了《上海市高中生创新素养培育》实验项目，作为上海市基础教育人才培养重大项目的实验学校，对于"什么是高中生的创新素养"这个关键问题，学校进行了深入的分析与研究，最终将创新素养聚焦在"人格、视野、思维、实践"四个维度上。而"思维能力培养"的研究则使他们开始关注到了科技教育背后的巨大潜能。

一、思维品质的提升

科技教育活动,除了发展学生的动手能力,更重要的是培养学生的思维品质。特别是发展学生创新思维能力,在科技教育中也得到了进一步的强化。通过情境的建构,把分析、评价、创造自觉运用到任务项目驱动的过程中,以学生为中心,激发创造欲望,获得练习和运用思维能力的机会,有目的地渗透思维发展的内容,从而提高学生的思维品质。

【案例 1.11】在自制仪器中提升对未知世界的探寻[①]

小张老师在安排关于浮沉子的探究性活动时,引发了学生们的思考,在学生们讨论了原理之后,她问学生,你们懂了没有?实验简单吗?很多学生不屑一顾,于是教师发出了挑战:"你们懂了?那就做一个给我看看啊。"立刻有一批学生前来应战,"那还不容易?"他们说,"明天就可以交货!"小张老师看到他们一个个跃跃欲试、眼中充满了自信。就这样老师成功地把学生引入了一个新的探究活动中。

下午,学生们陆续来办公室借课本中制作浮沉子需要的仪器量筒和小玻璃瓶,教师说道:"如果你真懂了其中的道理,用你身边最简单的仪器也能制作出浮沉子来,我想要的是你们的原创作品。"之后小张老师又看到下课时有一堆人围在一起讨论这个课题,她感到学生已经开始进入探究的状态了。当天放学以后,就陆续有学生拿着他们的制作方案来请老师帮忙验证其可行性,但老师通常都坚持一个宗旨,鼓励学生动手实践。

于是,学生开始像真正的科学家一样展开工作了,从只会纸上谈兵

---

① 本案例由张蕾老师提供,收录于《物理课堂故事》。

的"理论家"变为了"实践家"。在以后几天内学生们用形形色色的材料制作浮沉子，在实践过程中，他们感到真正的工作要比想象复杂得多。一开始，他们制作的浮沉子往往只沉不浮或者只浮不沉。在他们回家复习了初中的旧知识以后，学生们才开始找到了一些门道。小胡同学在瓶底部安装了配重，解决了小瓶容易倾倒的问题，成了班里第一个成功制作浮沉子的学生。班里同学们陆续做出了形形色色的浮沉子，有些用塑料麦管、双黄连的小瓶子、钓鱼用的浮子、小灯珠等装上配重装入饮料瓶成为浮沉子；更有甚者，就地取材，把笔套、火柴甚至是橘子皮等更容易找到的物品加上配重置于瓶中也做成了浮沉子。一切都符合教师原先的教学设计，学生们陆续拥有了自己的作品。

更令教师兴奋的是，"小老虎"后来又设计了一个连老师这个"专家"也没有想到过的浮沉子方案，他在双黄连小瓶内经过调试盛入大约半瓶的水，然后用气球的橡胶膜将瓶口封住。一个在所有设计中最为简单的方案出现了。

以上这些浮沉子中有些完全是学生自行设计制作的，也有些是学生上网查找了资料才制作成功的，无论如何，所有的成果都成了师生的共同快乐。

可乐瓶在整个班级同学的手中传递着，七彩的小瓶在透明的大可乐瓶中浮浮沉沉，就像一串美丽的音符，映衬着全班同学的欢声笑语。在这一刻，学习不再是枯燥的，发明创造也成了一件简单、轻松和快乐的事情。

在整个浮沉子的制作过程中，学生们习得了很多的科学知识，更重要的是整个学习过程并没有让教师或是学生感到是很沉重的课业负担，大家在轻松和谐的氛围中自然地将学习延伸到了课堂之外，生动地体现了学生独立学习与合作学习深度融合后思维能力的提升。研究性实验可以培养学生独立探索的能力，使他们在质疑、思辨中解决问题，在评价中寻找解决问题的最优方案，在课题研究的各环节教师要结合实验重视思维的缜密性和逻辑性，全过程承前启后、步步为营形成合力，有效地提升学习者的创新思维能力。

实践活动中空间的开放、资源的开放、内容的开放、方式的开放，形成了教育教学新的模式，它为学生思维的开放、碰撞、灵感的乍现，营造了良好的氛围。科学研究实验课题是拓宽学生视野、发展学生兴趣、培养学生个性特长的重要载体，也是学生创新思维能力培养的重要举措。教师在树立创新教育观的基础上，通过研究性教学模式的研究与实践提升自身创新教育的水平。教师有效指导学生开展研究性学习，由浅入深，循序渐进地培养学生的创新意识和创新思维的能力。

二、高阶思维的培养

高阶思维是指对应布鲁姆《教育目标分类认知表》中"分析、评价、创造"三个认知层次的思维水平。它是在较高认知水平层次上的心智活动或认知能力所对应的思维，是一种能对思维予以评价的思维，是生成性思维和批判性思维互补运用的思维。对于高阶思维的关注，近年来已经成为教育研究的热点问题之一，高阶思维能力是创新能力、问题解决能力、决策力和批判思维能力的核心，也已经成了国内外基础教育研究中普遍的共识。高中生高阶思维能力的培养，需要学校课程建设的支撑，也需要在各类教育活动中有目的、有意识的渗透和强化。

【案例1.12】高阶思维在"F1在学校"

"F1在学校"是整合了科技、体育、营销、广告、设计、工程等多方面元素的一个综合性赛事。项目有助于教师突破单一学科的分立教学模式。在教师引导下，学生以项目驱动的学习方式增强他们对物理、化学、数学、美术、测绘等学科交叉应用的综合能力,为打造学校创新课程、建设特色学生社团及创建特色创新实验室带来新的契机。

"F1在学校"赛事各个环节均包括对青少年高阶思维的培养,尤其是创造能力的培养,在备赛和比赛阶段中都有充分的体现。

在压力挑战赛之前的备赛过程中,经过综合和分析,参赛队员会预测许多个可能的赛题,队员们各自都会在脑海中对这些赛题进行模拟演练,并会产生多种设计方案,类似于头脑风暴的创造过程。

如压力挑战赛要求车队在两小时内完成组委会当场公布的赛题,提交一份CAD设计文件及一份设计说明文稿。这种竞技形式是一种没有参考题、没有正确答案、完全开放式的高强度综合创新能力的挑战。

在拿到题目后的两小时中,队员们需要在尽可能短的时间内确定设计方案、人员分工和制定时间节点,并在确定设计方案后,所有队员同时进行各自的任务,如查资料、写文案、建模等。在这两小时内,对大脑的训练是持续的、高强度的。因而,压力挑战赛的内容是很适合针对高阶能力培养的一种比赛,在创设了大背景后,队员们也储备了一定的知识技能,再给予这样一个短时间高强度的思维训练,这比在课堂上进行40分钟的思维训练更具有现实意义。

学校通过开展"F1在学校"项目及相关竞赛活动,可以提供学生零距离接触新技术的机会。学生通过"F1在学校"提供的科学、技术、工程、艺术、数学(STEAM)课程的学习,不断实践改进,最终将拥有属于自己的创新工程设计,并能实实在在地去实体化自己的高阶思维创新成果。这些充满创造性的优质体验,不仅能增强学生的心智,还增强了他们以自己的创新能力去服务社会及推动社会发展的信心。

高中阶段是思维能力逐步走向成熟的阶段,所以在科技教育中培养创新思维能力是充分发挥了学校教育功能的主要任务,科技教育强调发挥学生的主体作用，从学生已有知识和经验出发，让学生亲身经历实践和应用的过程，重视对未知的探索，激发他们学科学、爱科学、按科学教育规律办事的观念和意识，使教学真正成为教师与学生之间、学生与学生之间思想交流、灵魂碰撞、生命深化的过程，促进学生成长为具有创新能力的人才。

第 二 章

追求——科技教育与学校发展

2012年市西中学提出了"从优秀走向卓越"的学校发展愿景，并提出了市西所追求的卓越学校的六个特征，具有先进引领性。本章基于市西中学的文化传统，围绕学校科技教育与学校发展的多元化、特色化，反映社会发展需要、体现时代精神特征的教育理念，形成资源开发与整合的新突破，有利于创新人才培养链的打造。

第一节　体现学校教育理念的实践

在科技教育建设的过程中，本着"全面且富有个性的发展"的教育理念，学校开发并整合了丰富的科技类课程，增强教育的针对性、实效性，发展广大学生的优势潜能，有效培养其创新能力，以此促进高中生的生涯体验，提高他们的生涯意识，使其朝着有利于社会发展的方向展现，为学生终身发展奠定基础。

一、全面且富有个性的发展

随着科学与技术的应用日益成熟与普及，时代呼唤学校教育要以激发学生学习动机为目标，适应每一位学生的需要，促进学生全面而富有个性的持续发展。科技教育的前提是树立多样化人才的观念，帮助每位学生在科技活动中根据自己的个体特点，培养广大学生的终身学习能力，努力成为更好的自己。

【案例 2.1】兴趣中的探索创新[①]

在大家的眼中,小彭是一个"比较皮又好玩儿"的学生,但她善于在生活中发现、思考。老师发现了她的这一特质,邀请她参加自己的研究型课题,没想到一下子激起了小彭的兴趣。

久而久之,在老师的鼓励和支持下,小彭发现,她理解的自然科学变广阔了,并开始学会用科学探究的思维来解决问题了,也从行为上真正懂得"锲而不舍"的意义。更重要的是,她深深感到当拥有了对科学的求知欲与兴趣,就会乐在其中。

研究性学习的过程不仅激发了她的学习兴趣,还提升了她的科学思维品质和探究创新能力,她参与的研究性学习项目获得第33届上海市青少年科技创新大赛一等奖,她本人荣获了第15届上海市青少年明日科技之星评选活动"明日之星称号"与最佳展示奖。

学校在关注学生全面性发展的同时,也提供了学生个性化学习的可能性,通过配套拓展型课程、研究型课程的开设,积极鼓励学生开展课题研究;学校的创新实验室也为学生的课题研究开展提供了空间基础;同时学校的联合办学资源,如各类高校也为学生提供个性化的科学研究支持。这些均有力地保障了学生的个性化学习,为培养他们的创新能力提供了助力。

二、形成特色、优势发展

为了更好地满足不同学生的学习需要,提升学生思维品质,学校提出了"优势学习"的教育理念,在科技教育的过程中,提供丰富的科技

[①] 本案例由李学明老师提供。

教育内容，开发特色课程，探索聚焦思维培育学生优势的发展之路。

学校在课程设置方面，注重对擅长理工与科技等学科的学生科学素养的培养，依托各种创新实验室提供的各类实验课程，让在理科思维、实验实践等方面具有优势的学生，有更丰富的学习内容选择，以此增强自己的创新、动手能力，树立真正的实验精神。学校同样鼓励学生积极参与学校开设的各种科技拓展、研究类及社团类课程，培养学生的科研能力，如每年都有多位学生参加 F1 in Schools、头脑奥林匹克（OM）大赛、科技创新大赛、上海市中小学生桥牌比赛等活动。在学校微型讲座中，这些社团的学生也积极参与科技类板块的讲座，为全校感兴趣的同学分享参加比赛的经历和经验，在丰富全校同学知识面的同时，也锻炼了自身的综合能力。为了增强学生的科学思维，学校在加强数学、物理、化学、生物等学科教学内容深度的同时，还开设了各类理科夏令营和冬令营，提供各类有趣味、有挑战的理科思维训练、学科竞赛辅导等，学生根据自己的兴趣和需要选择报名参加，教师还会鼓励理科有优势的学生参加全国化学、生物学联赛，上海市中学生物理学术竞赛等，许多理科班的同学在经过一定时间的学习后，在各级各类学科竞赛中都取得了骄人的成绩。

【案例 2.2】FIS 工作室[①]

市西中学的 FIS 工作室是一个模拟 F1 赛车在赛道上的计时比赛项目的实验室。这个项目，不仅需要学生自己设计并制作赛车、调节轨道、完成电子计时和相关运动的同步，还整合了学校原有汽车、模型、机器人三个实验室的部分实验内容。

这个项目还需要模拟市场的运营，组建学生市场团队、理财团队，

---

① 本案例由王纪华老师提供，摘录于《优势学习的理论建构与实践应用》。

由学生自己宣传策划、联系项目赞助、进行社会经费募集，类似于真正的赛车队进行各种财务运作。

另外项目还要求学生自己设计队服、LOGO、海报、展台、纪念品，开展宣传造势，也类似于真实赛车队的赛车宣传活动。

在工程方面，需要组建工程团队，由学生自己确定设计师、工程师、工艺制作师、保障师等，明确分工、通力协作。项目融科技活动与人文活动于一体，融校园生活和社会活动于一体，具备了真实生活的原型和场景，深受学生的喜爱。

这个实验室的教学，既有教师教授（如空气动力的内容），又有学长指导（如项目规则）、团队讨论（如汽车的鼻翼设计），但更多的则是反思。如市场宣传与募捐失败的反思、车体设计打印（3D打印）的反思、数控机床加工失败的反思、尾翼破坏的反思、速度不达标的反思、赛车失控的反思等，使学生学习实践活动的构建充满了活力。

类似这样的课程，在学生优势发展的培养方面，具有较强的针对性和操作性。创新实验室增加了科技发展和应用的内容，使学生的学习能更多地触摸到前沿科技的脉搏，满足了学生理论学习和动手实践相结合的需求，也满足了学生对于理工科、人文学科或艺体学科的特长需求，凸显了个性化学习的特点，支持了学生的优势学习。

三、践行好学力行的优良传统

市西中学自创办起，"好学力行"就成了学校的文化根基。"好学"，就是要勤学、善学、博学，掌握扎实的专业知识和广博的科学文化知识，学会学习、学会思考、学会生存、学会创造。"力行"，则是要求真务实、身体力行、勤奋敬业、知行合一。不仅要能将所学的文化知识、专业技能运用于生产和社会实践，还要能在实践中提高对理论的理解，提高发现问题和解决问题的能力，勇于探索、勇于创新。"好学力行"是学行知行结合的统一，是创新精神与实践能力培养的统一。

正是在这样的文化引领下，从 1998 年起，学校开始了创新实验室的建设，并且明确提出了创新实验室建设的理念，即创新实验室的建设，要引进科技发展的前沿内容，激发中小学生的科学兴趣，发展学生的爱好特长，提升中小学生的科学素养和科学品质，为中学生创新素养培育、中学生早期志向和兴趣的聚焦，提供良好的环境氛围和硬件基础。

创新实验室的建设，以课程开发和实施为支撑，突显学生学习活动的实践性和实验性，让学生在实验探索中经历科学的发现和研究，在动手实践中感悟学习的差异和创造，在问题解决中体验思维的碰撞与成功。市西中学尊重学生的自主性，尊重学生的选择性，鼓励学生开展团队的支持与合作，鼓励学生开展更多的实际生活问题、社会热点问题的研究探索。

正是基于学校文化传统的实验室建设理念，使市西中学创新实验室的建设成为了上海基础教育创新发展的重大突破。2014 年 9 月，上海市教委正式发文，命名学校为"上海市中小学创新实验孵化中心"。创新实验课程等一系列教育改革实践项目，是"促进学生全面而富有个性发展"的教育价值取向的生动体现。

四、早期志向聚焦，优化生涯规划

科技教育因其实践操作、动手制作、创新设计的学习与理论学习、课本学习、课堂学习并重的特点，成为学生的兴趣、爱好、特长所在。它极大拓展了学生在校动手实践、想象创造的空间，对学生兴趣特长进行了早期聚焦，对学生的志向、爱好进行了有益的引导。

【案例 2.3】生涯起航，逐梦市西

为引导市西学子更好地发展，市西中学从新生入学伊始就致力于生涯规划与发展指导，设计了一系列与学生生涯规划相关的主题教育活动，为他们生涯启蒙、确立目标、品质提升奠定基础。

小陈同学是 2019 年来到市西学习的，记得首次接触生涯指导是在 2019 年暑假在学校里进行的为期五天军训活动中，学校安排了一场针对职业生涯规划的讲座，那时她对此还有些懵懂，但在老师的引导下，她尝试对自己进行了一些客观分析，包括性格、爱好、成长环境等。

开学后不久，学校又策划了"聚合青春正能量，共铸伟大中国梦"的 30 年心愿封存仪式，以此激发学生对未来的憧憬与想象，鞭策助力他们高中精彩生活，促使他们对自己未来高中 3 年的学习及未来 30 年的人生进行思考和规划。学校的生涯实践与教育启蒙，结合老师和父母的引导，使小陈逐渐认识到，一个国家发展潜力主要在于科学技术的发展和科技人才的竞争，而人工智能属于人类的前沿科技，未来国家发展和国际竞争一定离不开 AI 技术。由此，她的生涯规划也逐渐清晰——在人工智能领域求知探索，在人工智能领域贡献青春。

当然，美好的生涯启航是建立在实践和勤奋的基础上。高中阶段的学习必然是紧张而又艰苦的，学校倡导"优势学习"理念，教育他们要学会优势时间配置，使她充分认识到做好自我时间管理、提高学习效率至关重要。通过参与一系列的基础性课程、拓展性课程、主题班会、兴趣社团课、微型讲座、生涯人物访谈分享会、家长职业分享会等各类主题生涯教育，借助有效的时间管理和个性化手册，小陈得以在学有余力的情况下完成了一些与人工智能领域相关的课题项目的研究。比如，她和同桌完成了《验证码自动识别简易程序应用》的项目研究，荣获上海市科技创新成果二等奖；此外她和无人机社团的同学们获得了上海市无人机绕标竞速飞行三等奖。

展望未来两年的学习，她跃跃欲试：劳技学工、南京考察、文化游学、创新大赛、科技考察、慈善爱心、微电影创作、课题研究、模拟商业大赛等，每项活动她都渴望有自己的身影，有自己的展示，有自己的成果。

市西是小陈梦想的摇篮，她的生涯在这里启航，她清楚，未来的路，未必一帆风顺，但她坚信，用自己的血液点燃生命的火焰，用力向前奔跑，就一定能抵达理想的彼岸！

学生在科技活动中发现自己的兴趣、爱好，结合自己的学习状况，有了对未来学习的专业或从事的职业的目标，发现自己的优势和潜能，认识自己的价值和机会，确立人生未来的方向。

学校在科技教育系列中，结合学生生涯规划、职业生涯指导平台、尊重发展每个学生的智能优势，根据学生的具体情况挖掘每个学生的潜力，这些"满足学生的学习需求，促进每一个学生的发展"的课程目标，让每个学生都各尽其能，各得其所，为学生思维培育和发展提供更大的助力。

第二节　形成学校特色建设的机遇

市西中学近年来在追求科技教育与学校发展的过程中，不断地思考、探索、优化，抓住物联网、大数据、机器人、人工智能等时代机遇，由上至下市西中学构建了学科内容覆盖、传统与前卫结合、普及与提高结合、理论与实践结合的特色课程，形成了如科技节、微讲座、竞赛队、创客夏令营、STEAM邀请赛、微电影大赛、慈善音乐会等特色活动，涌现出一批有相关特长与素养的优秀教师。

一、构建特色课程

市西中学加强科技特色建设,逐步形成三类课程的整合,十分关注新鲜科技引入校园,十分重视科技特色项目的建设工作,形成头脑奥林匹克、静态模型、F1在学校、无人机、机器人、人工智能、生物环保、TI技术等一批特色项目,并对项目的活动开展提供全方位的保障。

市西中学开展特色项目实验,为不同优势的学生学习提供全面指导和支持,引导每一位学生了解自己的优势,用最适合自己的方式开展学习,朝着最适合自己的方向发展。

市西中学创建了多维立体的学习环境——思维广场,整合了不同教育空间功能,突破传统学习时空,再造了教学流程,提供学生深度学习和思维挑战的机会。学生可以自主选择时间进入思维广场,参与"智者对话,思维激荡"的讨论学习,学习过程充满思维挑战、对话辨析、交流分享等挑战性因素,激发学生思考,主动进行知识建构,掌握学习主动权,认识自己的学习优势,感受深度学习的愉悦体验,并进一步转化为学习的内在动力,转变学习习惯,改善学习行为,实现学习的深度变革。

经过7年多的实验,一批批对社会科学感兴趣的学生,在这里激扬文字、阐述观点、辩论交锋,不断展示出思维的深度和广度。思维广场全天候对师生开放,学生们很喜欢思维广场的学习环境和氛围,无论是课堂内外,都喜欢围绕各类文史哲或社会热点话题,预约教师共同探讨,或者自发地开展讨论甚至辩论。从思维广场走出去的学生们,视角更敏锐,思维更清晰,表达更自信,知识更丰富。在各种社会实践展示活动中都能看到学生们自信表达的身影,在各级各类时政比赛、征文作文比赛、诗词大赛、演讲比赛中斩获殊荣600余项;在各级各类辩论比赛中更是显示出了优势,荣获大小奖项30余项,屡获"全国中学生华语辩论邀请赛"等辩论赛冠亚军。

二、形成特色活动

学校强化了学生社团课程（科技类）的教育功能，组建了近30个具有科技内容的学生科技社团，如天文社、地理社、程序设计社、3D制作社、静态模型社、无人机社、人工智能社、OM社、F1在学校社、平衡车社等，还组建了相关的学生社团，开展了学习、研究、设计、制作等科技活动。2016年以OM社成员为主要力量的OM队，连续获得上海市及全国的一等奖、二等奖，WRO机器人队获得华东赛区一等奖、全国第四名，机器人啦啦操连续两年获上海市中小学机器人竞赛冠军，连续两年获得机器人马球比赛亚军，无人机社获得华东模范赛区一等奖、二等奖，上海市二等奖、三等奖，受到了市区领导的高度赞誉。

市西中学还广泛开展课外、校外科技活动。自2016年以来学校举办的科学家报告、科技讲座超过了25次，内容包括航天技术、生物制药、城市交通、武器、潜艇、信息技术、纳米技术、地震知识、机器人技术、人工智能等方面。学校还利用升旗仪式等开展科技专题教育，如科技纪念日的活动、科技节开幕式、发奖仪式、活动队展示、科研工作者见面等，每年有6次之多。市西中学科技节作为学校四大节日之一，开展科普板报设计、科技知识竞赛、水火箭发射、无人机飞行等一系列活动，全校所有学生都能参与其中。此外，学校还先后组织学生参观了佘山地震台、海洋馆、上海市环境监测中心、上海市废水处理站、垃圾处理站、科技馆、东方绿洲、闵行区长征系列火箭生产制造基地、同济汽车工程学院、复旦医学院等科普教育基地，人数超过了3000人次。

学校组建的各类科技社团，占全校社团总数的30%以上。社团活动开展定计划、定时间、定场地、定经费，涌现出一批在全市、全区有影响力的科技创新社团和活动积极分子。

学校致力于将市西的科技特色和理念向社会辐射。2016年以来，共接待来校参观实验室者近万人次，向来访者介绍市西科技教育理念和经验；积极组织学生参加市、区、街道各类科技科普宣传活动，两次参加上海电视台的"我的家园""保护地球"活动，教育电视台还做了市西中学有关"F1在学校"的专题采访。自2014年以来，市西中学连续6年面向社会开展了STEAM科创活动邀请赛及展示活动，每年来自全市各学校参与的师生均超过250人，影响日益扩大。市西中学也是上海市青少年科学创新实践工作站实践点，发起并主办了首届及第2届上海市中学生创客体验夏令营。这些活动的开展，取得了良好的社会成效，体现了市西中学在科技教育方面所起的示范性作用。

三、打造特色教师

学校重视科技教师队伍建设。上海市教委批准市西中学成立上海市中小学创新实验孵化中心。目前中心有专职科技辅导教师3人，兼职辅导教师14人，负责指导学校各类科技活动、研拓课程以及学生科研课题，同时积极组织教师参加各类科技培训。

无人机是近年来科技的热点之一，由于航空器的特殊性，为规范民用无人机等航空器飞行活动，上海市发布了《关于加强上海市民用无人机等"低慢小"航空器安全管理的通告》，并于2020年6月1日起正式生效。通告内明确了在上海市行政区域内进行民用无人机等"低慢小"航空器飞行活动前，应当依法取得相应的飞行资质，并在所在地派出所做好信息采集及飞行报备，用法规杜绝了无人机无资质的"黑飞"。

而早在2017年，市西无人机实验室创建之初，为了提升教师专业能力，规范实验室管理，确保今后无人机课程及社团活动的正常展开。市西中学组织两位专职科技辅导教师参加了中国航空运动协会的无人机飞行执照培训与考核。经过 1 个月左右的培训，两位老师都通过了理论考核、飞行实操测试，顺利取得中国航空运动协会（ASFC）多旋翼飞行器驾驶执照，同时也是上海最早一批取得无人机飞行执照的教师之一。

为贯彻落实党的十九大报告精神和《新一代人工智能发展规划》要求，助推我国中小学科技创新活动的普及，培养新一代人工智能人才。2018 年 6 月，学校作为人工智能创新实验基地校，组织两位专职科技辅导教师参加由商汤科技与华东师范大学国际慕课研究中心委托上海智而仁教育培训有限公司举办的、由香港中文大学林达华教授团队亲自授课首期"《人工智能基础》课程教学"专题研修班，让教师更好地应对这一新挑战，全面系统地掌握人工智能课程的教学方法和技能，为市西中学开展人工智能基础课程做好了准备。

除此之外，学校还安排对应学科的兼职科技辅导教师参与培训，如生物学科的磁共振实验教学、地理学科大气实验教学等，另外每年还邀请相关领域的科普专家在教工大会上为全校教师进行科普教育，在打造科技特色教师的同时，不忘提高市西中学教师的整体科学素养。

推进特色课程、丰富特色活动是深化教育教学改革的一项重要工作，也是优化学校管理、提升学校品位的重要举措。在不断优化学科教学的过程中，学校不断激励教师改进科技教学工作，从而促进教师专业发展。

第三节　提供教师专业发展的平台

后疫情时代是科学与技术竞争的时代，能否培养一大批具有竞争力的人才是决定国家未来的关键。如何培养一批敢于并善于在科学领域研究创新的人才，无疑是特别重要的任务。教师资源正是培养创新型人才最重要的外部条件。因此，优化教师队伍，促进教师专业化发展，提供教师专业发展的平台，是提高对学生科技学习指导能力的有力保障。

一、知识结构的更新

随着信息技术的飞速发展，知识也在不断地丰富、发展和更新。科学在不断分化的同时，又呈综合化的趋势，学科之间的横向联系不断加强。由于学生知识结构的影响，提出的问题具有局限性、不完善的特点。这就要求教师的知识不仅要"专"，而且要"博"，教师必须懂得一定跨学科的知识。在指导学生的过程中，教师应善于构建学生兴趣与知识之间的内在联系，必要时应启迪学生发散思维，进行迁移推广，将研究的领域推向深层次；也有时候需要启迪学生收拢思维，剥去表面因素聚焦核心问题，达到知识的更新。

【案例 2.4】从摩擦系数到水膜到表面分子力[①]

物理教材上笼统地说明摩擦因数与接触面的粗糙程度有关，但到底是什么关系呢，张闻超带着兴趣和老师讨论。

老师：摩擦力的情况非常常见，你生活中有没有特别有兴趣的摩擦力实例？

张闻超：我爸说地面最湿滑的时候是下毛毛雨的时候而非大雨的时候。

老师：那好我们就研究带水物体的摩擦力吧。你觉得带水的物体表面的最大静摩擦力一定比干燥时来得小吗？

张闻超：不一定。

老师：那你觉得可能和哪些因素有关？

张闻超：有水的话大气就进不来了，会不会要考虑大气压？物体表面越光滑的话会不会有分子力呢？

---

① 案例由王巍老师提供。

老师：对，你所说的现象就是水膜现象，当物体表面越紧贴时要考虑水的表面张力等因素，要不你先查阅一下表面分子力的材料？

学生在接受知识的初始阶段，很多时候是盲目且没有特定的指向的，在这样的一个实验中，我们会有很多种对引起这样摩擦力的非常规变化的解释，该过程从摩擦力到大气压力到分子力，体现了新问题的生成。从发散思维到收拢思维的过程，作为教师我们要帮助学生对各种观念价值观做出判断，在某些价值点上深化其知识结构，在其盲目无序的时候收敛其思维，引导其知识结构拾级而上，最后找到实验中核心问题，即分子力的问题。（见图 2-1）

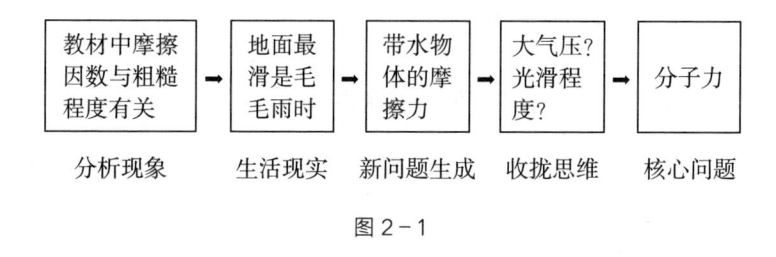

教材中摩擦因数与粗糙程度有关	→	地面最滑是毛毛雨时	→	带水物体的摩擦力	→	大气压？光滑程度？	→	分子力
分析现象		生活现实		新问题生成		收拢思维		核心问题

图 2-1

【案例 2.5】生物与水质净化程度的关系研究 [①]

本节课的授课对象为高二年级学生。市西中学的学生总体的认知能力水平处于比较高的一个层次，授课班级的学生具有热爱科学、善于动手、思维活跃、敢于质疑、乐于合作的特点。

学生在前期的学习中已经认识了组成生物体的无机化合物和有机化合物、细胞的结构、生物体的物质变化和能量转换、细胞的分裂分化及生态学的相关知识，并且也具备了分组实验学习、根据所提供的资料完成实验、依据所学知识解决问题的基本能力。

---

① 本案例由李学明老师提供。

学生在完成实验过程中潜在的问题包括，一是学生在日常学习中实验机会相对较少，本实验中很多材料或仪器可能是第一次使用，因此在完成实验过程中可能会对某些细节处理不当而造成实验结果异常，甚至失败；二是部分学生可能会对提供的资料思考较少，直接开始实验，从而失去了实验在研究中的作用。

本节课研究内容为通过了解小球藻生物积累量与水质净化程度（即水中 P 含量、S 含量、COD 等）的关系，了解血球计数板计数的原理，植物组织中叶绿素的种类及性质，学会测定叶绿素含量（分光光度计法）的原理与方法和使用血球计数板测定细胞总数，理解实验设计中的重复原则，并学会使用相关软件分析实验数据。同时通过实验，养成良好的科学研究素养，培养敢于探索的精神，全面思考小球藻在污水处理过程中的优势，以及所带来的社会效益及经济效益。通过实验基本情况介绍及实验结果分析总结，培养学生的语言表达能力、合作能力及科学思维。

教学过程如表 2-1：

表 2-1

教学环节	教师行为	学生行为	教学说明
实验前的准备	1. 提示同学进入实验室后穿好实验服 2. 请同学介绍实验背景及已得到的实验数据	1. 学生进入实验室后，穿好实验服 2. 学生介绍实验背景及前期实验已得到的实验数据	实验相关介绍由学生完成，培养学生的语言表达能力，同时使学生更加深入地了解实验
学生实验	教师指导学生完成实验	学生完成小球藻数量的检测及小球藻叶绿素含量的检测	学生自主完成实验，教师起到指导和辅助的作用

（续表）

教学环节	教师行为	学生行为	教学说明
分析实验结果	教师指导学生整理实验数据，并分析实验结果	学生根据所得到的实验数据，与之前得到的数据相联系，分析实验结果	本次得到的数据需与之前得到的数据相联系，对整个实验做出分析
生物实验室与化学实验室联动，展示各自的实验结果并讨论分析	教师指导学生完成结果展示及讨论	学生介绍实验结果，并与化学实验室的同学共同完成实验数据关联分析	通过QQ软件实现两个实验室联动
得出结论	教师指导学生讨论并分析实验结果	学生讨论实验并分析实验结果，并查阅相关文献，得出实验结论	

研究表明，小球藻能够利用污水的氮、磷等营养元素和有机物合成有机质，用于自身生长，这不仅可以降低养藻的成本，也会降低污水中的氮、磷等含量。本节课通过生物学实验和化学实验相结合的方式，探究小球藻生物积累量（生物学实验）与水质净化程度（化学实验）间的关系，旨在培养学生通过不同学科的学习解决生活中常见问题的能力，培养爱护环境的意识，树立正确的科学价值观，形成良好的科学研究素养。基于上述教学内容和学情分析，我们可以看到教师设计本课的教学思路是：实验前的准备→学生实验→分析实验结果→生物实验室与化学实验室联动，展示各自的实验结果并讨论分析，得出结论→针对结论做进一步的讨论。通过生物实验室与化学实验室联动，学科交叉培养学生的综合能力和科学思维能力，引发学生思考。

二、教学方法的影响

随着科技教育的不断深入，科技活动逐渐向更高层次发展。科技活动与课程教学方法在进一步整合。市西中学在上海理工大学的支持和指导下，建设了以计算机为主线，配有各种现代实验仪器的"创新实验室"，扩大了科技教育的实验基地，有效地进行创新实验教学。目前已建立的两个"机器人实验室"、三个"TI（手持式图形计算器）实验室"、一个"水处理实验室"、两个"环保综合实验室"和一个"生命科学实验室"，供同学们在课堂中进行机器人设计、制作，物理、化学、生物实验的定量分析，以及大气、水质、微量元素的测量分析和植物组织培养。同学们自行设计和研究的课题均可到实验室进行实验操作。在教学过程中，教师充分调动了学生自主学习的积极性，也激发了学生的学习兴趣，让学生从之前被动接受型，转变为主动探究型，通过教学实践，提升了学生的主观能动性，并不断优化教学方法，适应学生的自主性个性化学习。科技教学手段的现代化，极大地提高了学生学习新科技知识的兴趣，使学校科技教育达到新的水平。

【案例 2.6】一堂别开生面的课[①]

"二期课改"给已有20年教学经验的张老师出了个难题，课本中《宇宙结构和恒星演化》这一章的基础天文知识，在物理教材和地理教材中都有涉及，并且两本教材在内容上还有一些重复，因此如果在教授这些天文知识时像原先一样照本宣科，学生很有可能提不起半点兴趣。该怎么办呢？

张老师请教了其他同事，一个念头浮现在她的脑海：分层教学。

---

① 案例由张蕾老师提供。

对，就这么办！不过，要实施分层教学，首要的前提是要认识和了解每个学生的兴趣爱好、能力倾向和学习风格等，这样才能对不同学生进行分层和制订不同的学习方案。

课前，张老师把所有的学生分组，要求他们搜集感兴趣的天文问题进行课题研究，并要求每位组员根据自己的特长在研究中都应承担一定的工作，如搜集资料，或进行调查，或整理成稿。

一堂生动的课就这样拉开了帷幕：

引入：人类对宇宙的认识可以追溯到远古时代。面对浩渺无垠的宇宙，没有人知道它来自哪里又将去向何方，而其中究竟隐藏着多么巨大的秘密？这正是人类千百年，甚至数万年来急于解开之谜。

阅读：旅行者二号所携带的金唱片。

这节课以学生课题汇报的形式展开，学生们分别对一项课题进行了讲解：

课题一：宇宙是什么？（资料搜集类）

课题二：地球上的潮汐现象是如何产生的？（讨论解析类）

课题三：你认为是否存在外星人？你的证据是什么？人类在寻找外星生命上的进展如何？（深入探究类）

教师总结：地球，在茫茫宇宙太空，它不过是太阳系大家庭一名普普通通的成员。请各小组相互评分，组内成员相互评分。

教师在教学中通过设置不同类型课题（资料搜集类、讨论解析类、深入探究类三种）的方法使学生在小组合作等学习方式中主动积极地学习。教师在教学设计中根据不同能力层次的学生都能从中获得符合自身实际情况的学习，最大限度的让学生找寻到自己的方向，从而激发学习兴趣。

三、师生关系的启迪

科技教育促进了师生之间的激发与互动，在动手实践的教学过程中，教师以平等的身份参与其中，学生为了在科技活动中更好地展现自己的风采，非常欢迎老师的点拨与指导，这样大大促进了师生间的激发互动，为培养学生的思辨能力、自主创新能力营造了一种宽松的自主学习氛围。

【案例 2.7】打造轻松愉悦的环境

听过一些专家说打造一个机器人实验室非常简单，只要搬进桌椅板凳，并在墙上刷一些颜色，贴一些宣传画，氛围就营造好了。可事实上真的是这样吗？我曾经尝试过用类似的方法来营造氛围，但是经过多次改建的实战，证明了一成不变的实验室学生是不会喜欢的。在最近的一次实验室改建过程中，我和学生一起做了深入的探讨，充分了解他们希望实验室该被打造成什么样子，他们需要实验室具备怎样的功能及他们希望实验室能如何满足他们的要求。通过对比很多设计师的设计图纸及学生们的需求，我发现大人眼里的实验室和孩子们眼中的实验室完全不是一回事。本着尊重那些需要每天都将课余时间扑在实验室中的孩子，以优质体验为基本宗旨，重新设计个性化的实验室才是我应该做的。那我们是怎么共同设计的呢？

日常教学中无论你采取的教法是怎样的，老师用演示的方法来对学生进行基本概念的教学是必不可少的。但是传统的课桌椅并不适合机器人教学这个氛围，学生和我都不约而同想到学习机器人知识就应该周围都被机器人所包围才学得带劲。于是我们对所有的桌椅都重新进行了设计，颠覆了传统课桌椅的设计理念。在教学区中的桌子是一个非常重要的元素，因为它的设计理念会直接影响教学的方式。我们所设计的桌子是一个带倒角的长条形，桌子的长度能满足四位同学面对面坐在桌子两侧，同时可以满足在桌上堆放三个标准零件盒的需求。由于桌面很快会被作品与零件占满，所以高效的空间利用就显得非常重要。我们向上层空间寻求解决方案，在桌子上设计了两个横隔，上面既可以放置笔记本，又可以放置零件盒，还可以放置他们临时搭建的作品。这对于每一组的学生来说都是一个非常好的展示空间，他们可以很有效地管理自己的空间，并向他人展示自己的工作进度。事实证明每位学生都很喜欢自己的展示空间，都会精心营造一个值得骄傲的氛围。教师讲台的设计也是很有讲究的，我没有采用传统的铁皮桌子，也没采用传统的课桌。经过大量的考证，我发现教师的讲台如果设计得生动活泼，那么它也将大大激发学生和老师进行眼神交流的动力。我们共同设计的讲台是一个以积木为原型的长条形讲台，讲台上既可以放置一些教学用品，也可以设定一些任务或放置一些其他设备，总之空间足够教师使用。许多讲台的设计只是提供了一个放置教具的空间，我们所设计的机器人实验室的讲台台面下有约四个立方米的巨大存储空间，可以临时摆放很多不同的教学工具，非常实用。我们在教学区还设计了一个巨大的活动桌，它是由两个大活动桌拼接而成的，每个活动桌的台面约有四平方米。巨大的钢化玻璃桌面可以承载相当的重量，并可以让学生看到钢化玻璃下的内容。钢化玻璃下有三层抽屉，第一层抽屉拉开以后可以作为桌面的延伸，使得整个桌面可以扩展一倍。抽屉的第二层和第三层是巨大的小零件存放空间。每个抽屉的空间设计是非常讲究的，抽屉的高度都不足五厘米，限高的原因在于，当你在一堆零件中寻找自己想要的零件时，你就会发现如果零件堆叠得比较高，那么零件的寻找效率就会比较低。所以每个抽屉设计的高度都严格限制在五厘米以下，这样每个抽屉中所有的零件堆积不会超过两层，对于快速寻找零件带来的巨大的好处不言而喻。

布置实验室看来是一件微不足道的事，但是正是在这样的一个环境布置的过程中，我们可以看到教师的智慧——教学策略、教学方法以及团队管理方法，在这样的环境中，真正做到民主、尊重、平等、和谐才是最能体现个性化教育的有效环节。

教师积极投身科技教育的探索与实践，教师队伍的专业水平和能力不断提升。近年来，市西中学教师指导学生在校际、区、市乃至全国层面屡屡获奖；在各类教育期刊发表相关论文近百篇。科技教育为教师的专业成长、发展搭建了多元展示的平台。

第三章

融合——科技教育与课程建设

课程建设是学校管理中最为核心的要素，是为学生提供学习经历，使学生获得学习感悟、体验的基础。开展科技教育，就必须要对现有课程体系进行调整，为学生科技活动提供充分的时间和空间。

第一节　整体设计——课程内容的梳理

市西中学课程体系与课时计划的编制与完善，始终以"学生全面而富有个性的发展"为目的，着力于精致化实施多领域课程，一体化设计可选择学校特色科技课程，创造性开发重体验的实践课程，促进学生科技素养的提升、创新精神和实践能力的不断发展。

一、科技课程的体系、内容

1. 课程设置的配比——为科技教育提供了时空

市西中学科学配置课时，在市教委指定的每周38节课时的课堂教学时间内，将科技教育渗透在包括基础课在内的所有课程体系中。合理配置选择性必修课程和选修课程，自主安排课余时间，为学生提供了科技学习时间的选择；落实科技教育教学的各项内容，为科技教育课程的充实提供了条件。

学校全面梳理了近年来的研究型、拓展型课程，提出"形成系列、形成主题、形成特色、形成风格"的要求。现在学校的每一个学科教研组,都设计了体系化的课程群。特别是在创新实验室建设启动以后,市西中学就开始构建与之相匹配的科技特色课程,形成了以"自动控制—机器人—数学建模"为标志的创新实验室核心课程体系。学校重点抓好人工智能实验室、物联网实验室的建设与课程开发工作,并进一步充实无人机实验室相关设备和课程。

市西中学坚持大课程观的理念,把学生的社团活动也纳入科技课程体系,组建了头脑奥林匹克、F1 赛车、无人机、静态模型机器人等一大批深受学生欢迎的科技社团,并在条件成熟的情况下打造 AI 团队。今年学校致力于开发一些实用的创新课程,并提高学校创新实验室的整体管理效率,把一些烦琐的机械劳动转化为网络支持下的自助活动,解放管理团队的时间和精力。学校先行建立线上科创课程、线上授课及备课平台功能的测试与应用,主力支持静态模型制作团队,着重维护机器人团队的扩编,深入挖掘头脑奥林匹克团队的实力,强力打造一支 3D 建模团队;严格按照国家航空法规打造无人机飞行队,尝试探索第一人称视角驾驶技术课题的深入。

在研究型课程中,市西中学开设了科技知识学习、社会与生活科技现象课题研究活动等课程,如能源的利用、环境监测与保护、城市智能交通,自编了校本课程教材,成立了科技制作和学生课题研究小组,开展了学生学习和研究活动。学校还把校园科技节、科普教育宣传、科普基地考察等活动也纳入了校园科技文化课程的建设范畴,使学生在学习科技知识的同时,感悟科学精神和科学态度,增加学生的人文修养。

课程的自主性和选择性,为科技课程的丰富提供了基本的条件和保证。

2. 课程设置的内容——丰富了科技活动的载体

科技课程的内容是学校科技教育的载体。市西中学从管理的角度精心设计了学校科技课程的四个系列内容:在学习和考察中开阔眼界;在分析

和研究中提升思维;在制作和实践中发展能力;在综合活动中培养人格。(见图3-1)

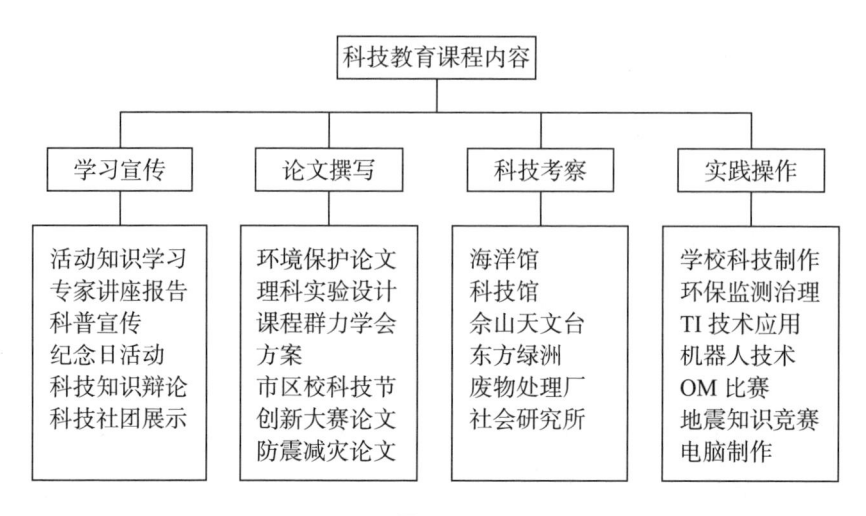

```
                    科技教育课程内容
         ┌──────────┬──────────┬──────────┐
       学习宣传    论文撰写    科技考察    实践操作
```

学习宣传	论文撰写	科技考察	实践操作
活动知识学习	环境保护论文	海洋馆	学校科技制作
专家讲座报告	理科实验设计	科技馆	环保监测治理
科普宣传	课程群力学会方案	佘山天文台	TI技术应用
纪念日活动	市区校科技节	东方绿洲	机器人技术
科技知识辩论	创新大赛论文	废物处理厂	OM比赛
科技社团展示	防震减灾论文	社会研究所	地震知识竞赛
			电脑制作

图 3-1

近年来学校开设科技微型讲座数十余场,内容涉及航天技术、生物制药、城市交通、武器、潜艇、信息技术、纳米技术、地震知识、节能减排等多个领域。在考察活动中,学校组织学生参观了佘山地震台、海洋馆、上海市环境监测中心、上海市废水处理站、垃圾处理站、科技馆、东方绿洲等科普教育基地,极大地开阔了学生的视野。

再以学校的科技节活动为例。科技节被纳入了学校四大节日之一。每年的四月我们都利用这个契机,开展科普读书、科普橱窗布置、科普板报设计、科技展板设计、命题方案设计、漫画展示、论文撰写、专家报告、科技知识竞赛、废物利用制作、水火箭制作、OM长期题比赛等一系列活动,覆盖学校所有的班级,参加的学生达到了100%。

3. 课程的实施——多种教育措施综合

科技课程与课程教学的整合,是市西中学科技课程实施的基本思路。

在基础型课程中,学校增加了综合科技教育的内容,引入了TI技术、DIS 技术、网络技术、科技实验等内容，提出了教学中应尽可能增加科学史、注重人文精神培养的要求，开设了科学方法的讲座，使教学的主课堂成为科技教育的主阵地。

在科技课程的实施中，理论学习与学生的研究、实践活动相结合，也是市西中学的基本思路（见图 3-2）。

我们开设了近 30 门与科技内容直接有关的课程群课程，具体有：2049 课程、生活中的物理、食品化验、环境监测、发明制作、科技英语等。这些课程都把学生的课题研究纳入其中，要求学生在学习中，结合社会热点问题或生活中的现象，发现问题，建立课题，开展研究。学生的研究性课题《大型绿地对环境的指示作用》《汽车重力发电的模拟》《自动伸缩的雨篷》《会上楼的机器人》等就是在这样的背景下完成，并被收录到市教委编撰的多种文选中。头脑奥林匹克的校本课程、无人机飞行的校本课程、机械工程校本课程等一系列隶属于机械与工程课程群的课程开发与实践，为热爱科技创新实践的师生，提供了良好的平台。

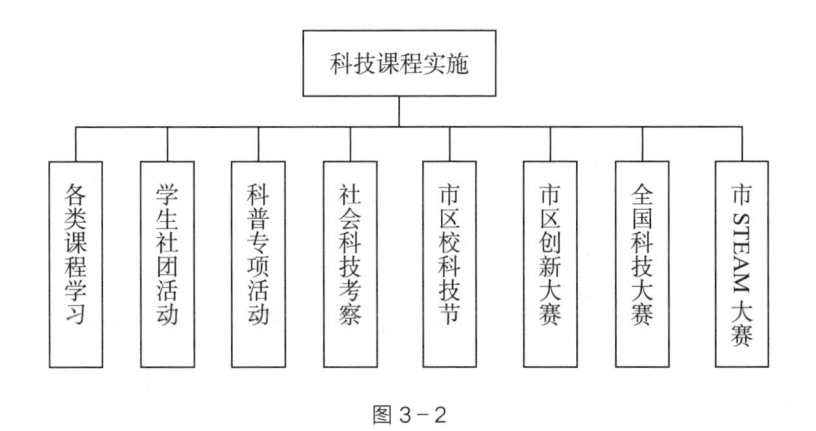

图 3-2

二、科技课程与学校课程体系的关联

市西中学科学架构完整的课程体系，以保证学生充分的选择。学校将必修性、选择性必修、选修三类课程分为语言文学、数学、自然科学、社会科学、技术、艺术、体育与健身、综合实践8个学习领域，每一学习领域分别开发了一系列的课程，从而形成了市西中学课程的整体结构，并在此基础上，形成系列课程板块，凸显资优课程，以满足不同学生的需求。科技课程在学校课程体系中也占有一席之地。

1. 课程群建设

市西中学课程群依托学校的文化特征和发展特色，针对学生培养目标，将课程进行统整，统整为以"哲学"为核心的方法思辨课程群、以"工程"为核心的综合理科课程群、以"健康"为核心的身心修炼课程群和以"服务"为核心的卓越公民课程群4个课程群。

而以"工程"为核心的综合理科课程群，依托理工科技类创新实验室，聚焦学生科学思维、技术创新能力与设计能力及核心素养的培养，指导学生参与课题或实验研究，增强动手能力与实践能力，在实践中培养发现、观察、分析并解决问题的能力，培养科学思维与创新能力。希望选择该课程群的学生，经过一段时间的学习，能够了解科学、技术相关领域的基础知识和理论；掌握科学实践中的方法及技术创新过程中的设计理念；利用科学知识和技术原理更好地认识日常生活，培养发现问题、解决问题的能力；利用科学理论和方法参与课题研究，培养科学思维与创新能力；利用技术原理与方法构建模型，培养动手能力与实践能力。

2. 课题指导类课程

市西中学的研究性学习，对于学生兴趣和个性的培养，促进学生学会倾听、学会交流、学会合作、学会批判和反思，提升学生发现问题和解决问题能力，以及引导学生学会学习和终身学习，具有重要意义。每位学生都参与课题研究，研究方向和主题完全由学生自定，调研活动以个人或团队形式开展，在导师的指导下，完成课题研究。

科技大赛的指导类课程也是核心。通过扎实的学术训练包括实验设计、实验方案的撰写，在实验室参与科学研究，使学生走向学术前沿；以研究素养的培育为抓手，通过科学、技术、工程等多学科知识的交叉融合与综合运用，提升学生提出问题的思考能力、解决实际问题的能力；注重领域前沿、概貌的介绍以及对某些领域的深入探索，与基于这些领域学习的课题紧密联系，挖掘学生的潜能优势与学习志趣，培养富有学术素养和学习力，秉持科技创新能力，反思、批判、综合、建构能力的精英人才。

【案例 3.1】科技创新大赛指导[①]

市西中学积极组织学生开展科技创新类课题的研究活动，由校内教师和校外专家联合进行指导，申报各类科创大赛。

2017 学年暑期前，学生在课题老师的指导下，积极组建课题研究团队，酝酿课题方案，构建课题初步框架，为开学后正式启动课题研究打好了基础。9 月开学后，由学校牵头，组织了两支科创大赛研究团队，由校内一批热爱科创事业的教师，组建了市西中学科创大赛教师指导团队，还聘请向世清等多位专家学者组成校外专家指导团队，校内外相结合，多管齐下，明确分工，顺利开展课题指导。

每位科创指导教师都忘我地投入比赛指导中。他们在完成日常教学任务的同时，还要挤出课余和休息的时间为所带教的学生科创小组做出认真、专业的指导，背后付出了很多努力。各个小组的学生热情投入，刻苦钻研，认真学习，在各位科创老师的悉心指导下，课题研究稳步推进。所有课题都经过了师生多次反复讨论、修改，甚至几易其稿。

就是这样的敬业精神和科研精神，使学校近年来涌现出《可变弹

---

① 本案例由杨俊杰老师提供，收录于《优势学习的理论建构与实践运用》。

齿式攀梯轮式结构的设计》《智能自行车锁》《苹果发酵液调节高血脂大鼠血脂水平的初步研究》等市级优秀课题。2016 年和 2017 年市西中学获得上海市"明日科技之星"称号 1 人、"明日科技之星"提名奖 2 人、"科技希望之星"称号 2 人；上海市"优秀小研究员"1 人；上海市"未来工程师"1 人；上海市科技创新大赛一等奖 4 项、二等奖 35 项、三等奖 39 项；上海市"赛复创智杯"特等奖 1 项、一等奖 1 项、三等奖 5 项；上海市数学建模活动一等奖 1 项。而在 2018 年的上海市科技创新大赛中，学校又创历史新高，共获得 7 项一等奖、18 项二等奖、31 项三等奖，获奖总数 56 个，名列上海市中小学第 11 位，静安区第 1 名。高二（7）班彭津同学凭借课题《黄脸油葫芦的生活史观察与环境影响因子探究》，还获得了代表上海参加全国赛的资格。

第二节　相互融合——三类课程的整合

市西中学始终以"学生全面而富有个性的发展"为目标，着力于精致化实施多领域基础课程，一体化设计可选择学校特色课程，在实施科技教育时重新整合现有的基础型、拓展型和研究型课程，根据三类课程在校实施的配比及效果进行调研，构建适合学生创新素养发展的学校课程配比及学程设计。基础型课程的重点是学生基础知识的储备，并侧重对学生基础知识、基本能力、基本态度的培养；拓展型课程以学生个性发展为重点，在基础型课程之外拓展学生的知识、能力和态度；研究型课程的重点是培养学生的创新实践能力，力求加强相关学科知识的内在联系和交叉渗透，以培养学生的知识迁移能力，加强理论联系实际以提高学生运用理论和知识解决实际问题的综合能力为目标，促进学生高阶思维的培育、综合素养的提升、创新精神和实践能力的不断发展，为学生的优势学习与终身发展奠定基础。

一、基础型课程的融合

基础课教学不仅是学生学习科学知识的地方，还注重培养学生的观察力、动手能力和科技创新能力，将课堂建设成为一个鼓励学生自主留心观察身边事物、赋予创新精神的和谐环境，让学生大胆想、大胆说、大胆做，以课堂为依托，以科技为纽带，提升学生的自主学习能力。如在物理课堂开展"纸承重"项目，在化学课堂开展"水果电池"等活动，这些都在学科的基础教学过程中产生并发展，充分地调动了学生的自主探究精神，使学生在学习各种知识中健康成长。

解释是科学教育的关键环节，需要教师进行关键引导。解释可以用语言解释，也可用制作的验证模型来进行验证，二者一致是最好的科学解释。教师应鼓励学生把已经学习的知识概念和刚刚建构学习的新知识概念用于解释新的情境问题中去，或者改变原有问题的情境让学生再次去解释，以便在拓展中加深对知识的理解和应用。

理科教师可以结合学科史，简要介绍科学家的具体事例，如何开展理论假设，进行逻辑推理和进行实验论证过程，以激励学生，让他们了解，科学的进步需要一代代科技工作者持之以恒地付出，以此激发学生献身科学的意识及培养学生的理性思维。通过丰富的史料和研究背景的讲解，让知识的种子在学生心中生根发芽，同时激发学生对科技创新的动力，能培养学生立志科学探索的志趣。

文科教师利用与科技人物、重大的科技事件相关的典范材料对学生进行科技教育。这些文章有的以大胆的科学幻想，激发起学生浓厚的阅读兴趣；有的以真实、荡气回肠的故事，深深地震撼着学生的心灵，让学生在阅读中理解并体验到探险与科学在人类科学发展历史中的伟大价值，培养学生"唯上不唯书"的科学态度和敢于质疑的科学精神，在学生心中播下了为科技事业而献身的种子。"一花一世界，一树一菩提。"

一部科技作品就是一个科技世界，阅读由课内向课外延伸，从多方面、多角度入手，适时对学生进行引导，养成关注科学、热爱科学的好习惯、好品质。

教师在教学中多组织一些观察性实验、探究性实验等，培养学生敏锐的观察力和超强的思维力。学校提倡各学科教师树立大学科教学理念，多角度挖掘教材中蕴含的科技素材，并结合本学科的教学特点，充分运用现代教育技术，充分挖掘展示科技素材，注重渗透，学用结合，激发思考，鼓励探究，在学习及生活实践中不断提高学生的科技素养，让学科学习与科技教育二者相互促进、相得益彰。

教师应着力提升自身能力和素养，及时更新知识，注重科技的新信息、新动态、新成果，让课程与时代同步、与发展同行。教师可以采取引导学生阅读相关科技的书籍、最新的文献、期刊等方法，有效增加学生思维的深度和广度，有利于学生产生对社会进步和科技发展的认同感，引导他们积极主动思考，培养他们的创新思维。

【案例3.2】水火箭中的连续发问

在高一物理牛顿第三定律学习中，为了加强对反冲运动的认识，教师组织学生利用身边的常规材料制作水火箭：用软塞塞紧装了1/3水量的可乐瓶，形成一个密闭的空间。把气体打入密闭的瓶内，使得瓶内空气的气压增大。当超过软塞与瓶口接合的最大程度时，软塞自由脱离，水火箭内的水向后喷出，水火箭获得反作用力射出。（见图3-3）

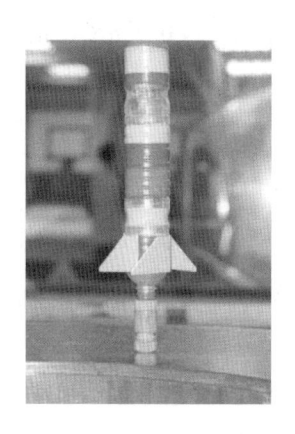

图3-3

伴随着学生制作活动的进行，教师见缝插针地提醒学生在制作中的几个问题，并对影响效果的几个因素进行思考：

1. 头锥的功能是什么？头锥的形状是越长越好，还是越短越好？
2. 尾翼的功能是什么？在选用尾翼材料时，要注意哪些问题？
3. 尾翼片数的多少对飞行有影响吗？
4. 加多少水，水火箭的射程是最远的？
5. 发射的最佳角度是多少？

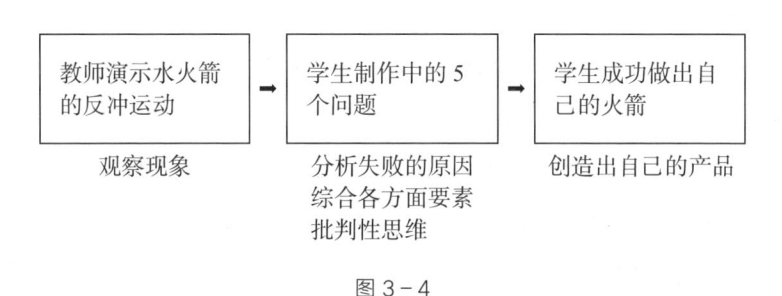

教师演示水火箭的反冲运动	→	学生制作中的5个问题	→	学生成功做出自己的火箭
观察现象		分析失败的原因 综合各方面要素 批判性思维		创造出自己的产品

图 3-4

教师在该过程中不是大包大揽，而是留给学生一定时间和空间去思考问题探究实践。要以问题为中心积极推进研究活动及思维的发展，教师在其中的指点应该是无形的，并引领推动整个研究活动的进程。（见图3-4）水火箭的制作过程中，学生分析自己制作产品的优劣，不断改进自己的产品，最后每个学生的水火箭都飞上了天。学生对自己提出的新观点加以评判，错的加以改正，对的加以保留，是一个不断进行创造革新的过程。发挥学生的主动精神，顽强进攻、积极进取；在适当的场合、适当的问题上对学生"逼一逼"，激发学生的"攻击"能力。事实证明引发学生的智慧潜能，是可以取得良好的效果的。教师有选择性地进行点拨，将活动引入分析、改进、实验、再分析、再改进的逐步提高的良性循环过程中。

二、拓展型课程的融合

科技教育在拓展课中的重点是将学科知识与生活实际相结合的学

习过程，通过探究与合作，解决实际问题，强调学生主体地位、多学科交叉融合、基于或建构真实问题情境、注重实践能力的培养。在拓展课程中，通过丰富可选的科技课程满足学生的发展差异，提倡学生开展被动学习与主动探究相结合的学习方式，通过专题模块设计，进行多种组合，以项目学习和问题探究为主，让学生通过对问题的探究，体验知识的发生过程，培养解决问题的能力。

在学科拓展课中，科学教育的渗透应根据学生多方面的实际情况合理采用以探究式教学为主的多种教学方法，以激发学生学习的积极主动性，把教学策略拓展到课堂外，而不仅仅局限于课堂内，同时在探究活动中渗透物理、化学、工程、设计等多个学科的知识与方法，不仅让学生可以建立基础学科知识之间的联系，更重要的是在活动中，让学生体会到一门技术的发现和发展是各学科之间有机融合、互相补充、相互支撑的结果，进而提升学生的跨学科素养。通过学习者的自主探究和合作解决问题，学生在跨学科内容与真实生活情境相联系的同时，不仅获得结果性知识，还习得蕴含在项目问题解决中的过程性知识，深入理解科技、社会、文化、生活之间的相互关联，从而培养复合型思维，提升综合素养。

拓展课教学中，应加强实践应用的环节，重视学生实验探究、归纳总结、交流沟通、团队合作、人文素养等综合能力的培养。学校对学有余力的学生进行更加系统、全面的科学知识和技能的教学，使他们具有更广阔的发展空间。因此在拓展课的开设中，为学生开发设计了一些适合中学生学习水平的科学系列课程，如"拯救他们自己的工程——城市发展与环境保护""改变人类生活的纳米科技——纳米科技与环境保护""机器人建模与控制""趣味化学实验""生活中的物理"等选修课拓展课程。

拓展课教学中教师引导学生要始终以陌生的眼光看待周围的事物。

从熟悉中思考陌生，从熟悉中发现、创造陌生，这被认为是培养创造性科技素养的一个重要的规律。对熟悉的事物多问几个为什么，比较它们与其他事物的相同点与不同点，分析它们的长处和不足，并提出改进方案，这正是科技思维的开启和运作。在这个过程中鼓励学生主动出击，充分发挥人的主体精神和主观能动性，激发创造性思维的热情，展开思维活动，激发学生的科技智慧潜能。

【案例 3.3】从逻辑电路到蜂鸣器

在高二物理电路的学习中有关于简单逻辑电路的介绍，在基本的门电路中，非门的应用比较广泛，教材为此专门配备了一道例题，通过简单光控报警器的例子，体会光敏电阻与非门电路结合控制电路通与断的应用。教师亲自通过逻辑电路的实验套件来演示该效果，许多学生对非门感到既新鲜又好奇，不少学生课后来询问教师这个神秘的盒子里装的到底是个什么玩意儿，教师自然结合他开设的"电子制作"的拓展课来进行探究，并鼓励学生"有兴趣打开非门吗，那咱们一起做个敞开版的报警器吧"。（见图3-5）

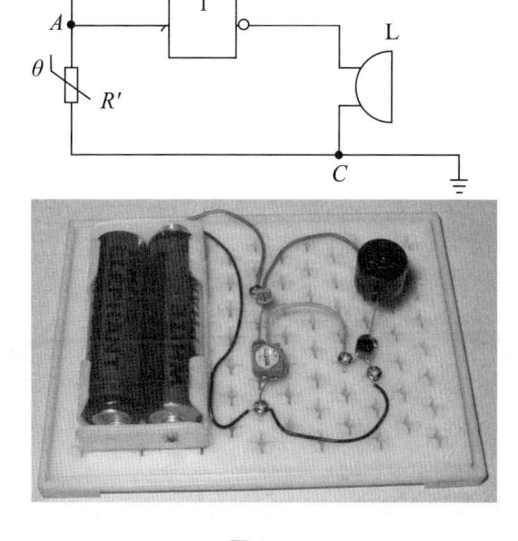

图 3-5

很快实验室里有了学生忙碌的身影，很多同学对三极管的功能不熟悉，教师引导学生用多用表先熟悉一下三极管的开关作用，即导通与截止，不少学生很快就明白了，当基极加上正偏压时，三极管即导通，处于饱和状态及蜂鸣器就会发出警报；反之，三极管就不导通，蜂鸣器就不会发出警报。

学生还运用光敏电阻、三极管、蜂鸣器等在压板式电路上制作了一个模拟电路为基础的报警装置。学生小王说："共射极放大电路就是一个非门电路，因为集电极的电压跟基极是相反的。基极输入，集电极输出，就相当于一个非门。"光敏电阻连接在可变电阻的上面，由于光照，它的阻值减小，三极管基极电位上升，使三极管导通而蜂鸣器有电流通过，于是蜂鸣器发声；没有光照，光敏电阻阻值较大，三极管基极电位很低，三极管不导通（截止），蜂鸣器不发声。可变电阻起到调节电路灵敏度的作用，阻值调得越大，灵敏度越高；阻值调得越小，灵敏度越低。如果把阻值调到 0，那么再强的光照也无法让蜂鸣器发声。

细心的小张同学又想到，如果把光敏电阻和可变电阻的安装位置对调，结果又会怎样？教师让其猜测，他说："这时候电路对光照的反应恰好和前面的电路相反：有光照时无声，没光照时发声"。实验的结果果然证实了他的猜想，蜂鸣器的制作离成功不远了。

在单一学科的基础之上，进行跨学科学习，通过团队合作，解决实际问题，是适应素质教育的发展方向，符合培养学生创新实践能力的要求，教师可以引领学生进入一个任务的情境中，在指导学生拓展课学习的过程中，教师应善于构建学生兴趣与知识之间的内在联系，必要时应启迪学生发散思维，进行迁移推广，将研究的领域推向深层次，有时候也需要启迪学生收拢思维，剥去表面因素聚焦核心问题。通过师生共同进行完整的项目的教学活动，让科技教育更好渗透在拓展课的学习中。

三、研究型课程的融合

科技教育应大力渗透在学科研究性课程中,以创新精神、科学研究能力、实践能力和终身学习能力为基本目标,以社会和学生生活的实际问题为研究对象,以学生的自主学习为基本方式,着眼于学生能运用科学的思维方法,主动探索、发现和创新,促进学习的兴趣、想象力、创新精神和创造能力的培养,最终促使学生自主学习、主动发展。

在课题研究中,通过真实问题解决的项目研究,助力科技能力与思维的培养;通过教师的课程融合、情境创设、问题引领、生活回归等方式,引导学生获得认知和技能,在课题研究中更多关注实际问题解决,激发创新思维,在实际行动中落实科技素养的培育。

在课题的生成环节,教师创设情境,通过物理课堂或者在生活中启发派生出一些问题,鼓励学生大胆设想、查阅资料,拓展思维的深度与广度,并结合个人的兴趣,初步选定实验的研究方向。在设计与讨论环节,将课题做具体化、程序化的体现,可以锻炼学生思维严谨性。一个问题多种方法,引导学生多维度的发散式的思维,广泛联系和运用所学知识设计方案,训练思维的广阔性。教师组织评价方案,考虑方案的科学性、严密性和可操作性。在课题的探索和推进环节,指导学生进行观察和测量,分析假设和结果间的差异,发现新的问题,改进研究方案。研究内容要有多层次,寻求的结果要有多样性,使用的方法可有多种类。在探索现象或问题时,学生并不一定能敏锐地注意到,教师应及时启发引导,使研究不断向广度和深度发展,从而不断激活学生的思维,使其分析、抽象、综合能力得到提高。在交流与展示环节,教师组织实验成果交流展示,通过互评或辩论等形式,设法让学生投入分析、比较、归纳、概括等系列思维活动中去,在分享探究的历程和克服困难的勇气的同时,对老师和其他同学的不同观点有选择地批判、吸纳,学会修正自我、尊重他人，充分发挥评价激励功能。

研究性学习与科技的结合，可以培养学生独立探索的能力，使他们在质疑、思辨中解决问题，在评价中寻找解决问题的最优方案，在真实的情境中体验科学研究，加强学生对科研任务严谨性、艰巨性、科学性的认知，培养坚持不懈、追求真理的科学精神。

【案例3.4】声波的干涉

问题生成阶段

学生在实验室中观察到了明显的水波的干涉现象，而声波的干涉演示——音叉实验，因为教室过于空旷，后排效果不明显。学生课后提出，能否用其他实验的方法研究一下声波的干涉现象？

师：这个想法非常好，全力支持，需要器材，实验室全部提供。

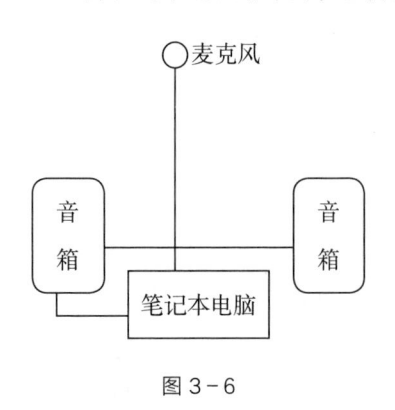

【教师为学生创设一定的问题情境，可以结合基础课上某些悬而未决的物理问题展开，引导学生观察，激活学生原有的知识储备，使其进入一定的问题情境，诱发探究动机】

图3-6

方案设想阶段

部分学生建立了研究性小组。

生：我们考虑以同型号的小扬声器为相干波源，以话筒为探测装置在各点移动，接上录音机就能听到强弱变化明显、有序的声音。（见图3-6）

师：声波波长如何能任意调节？两个声源的间距多大为合适？如何让声音的强弱可视化？

经过讨论，学生启用了PC上音频软件产生低频音信号，并用含有"示波器"组件的软件在电脑上直观地显示声波的强弱。

【让学生通过广泛联系和运用所学的知识和方法,来设计实验方案,组织学生讨论、辨析,对合理的加以肯定,对不恰当的要指出问题所在,对无法完成的方案阐明原因,有效地训练了学生思维的广阔性】

实验探索阶段1

生:在实验室反复实验后发现,话筒放在有些区域观察到的现象与理论符合得较好,但在桌子或墙壁附近时,波形的波幅变化特别无序。(见图3-7)

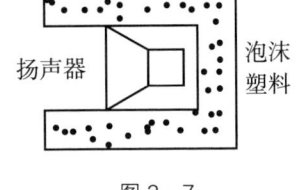

图3-7

师:你们考虑过这是什么原因吗?

生:表面光滑的物体的反射波比较强,对原声波有很强的干扰作用,影响了干涉现象的观察。

师:再考虑一下声波传播的方向性尽量避免反射,声波的频率不同,被反射的强度也不同。再努力一下,希望就在眼前!

【通过实验方案的讨论和辨析来培养学生的物理创新能力,学生在此过程中为寻求新方法而持续不懈地努力,这就是创造性思维】

实验探索阶段2

经过讨论,学生尝试把扬声器嵌入泡沫塑料中,中间挖出喇叭状孔,制成一对干涉音箱,波源可以看成点状声源,又采用了频率较高的正弦音频,声波的方向性好,易被环境吸收,有效地减弱了反射声波的影响。(见图3-8)

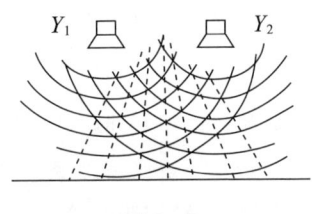

图3-8

生:老师,通过改变波源的距离及声波的波长,都探测到了加强和减弱区,实验结果与理论分析吻合。

师:恭喜你们,同时再总结完善一下,看看能否有更多的干涉方法。

再次讨论后,小组成员提出创新设想:观测点固定,倒过来让波源发生移动。将两个小音箱放在刻有标度的光具座上，通过改变音箱的相对位置，同样可以让某固定观测点的干涉强弱发生交替变化。

【让学生再设计实验，找出多种方法，以便选择最佳方案，使学生用一种扩散状态的思维模式来思考，而发散思维是创造性思维最主要的特点，是高阶思维能力的主要标志之一】

总结展示阶段

课题小组介绍实验的全过程，包括失败的教训和成功的经验以及实验的关键之处。通过绕音箱走动、改变音箱间距、调节频率等，全体学生能清晰地感受到强弱交替变化的声音，同时在大屏幕上观察到测定的波形图的变化。在座同学进行提问，并提出进一步改进建议。课题的成果也以小论文的形式加以总结提高。

【学生在交流的过程中，表达了自己的观点，并对其他同学的不同想法进行选择性吸纳。交流强调以学生为中心，培养了问题解决与协作的能力和批判性评价等高阶思维能力】

学科的研究性学习与科技教育的融合是在学科课程基础上对学生感兴趣的科技问题进行深入研究和探索，知识应用和研究活动是其主要特征。学生在自主参与的基础上，以共同的问题组成学习团体，围绕具有共同核心价值的学习目标，以项目研究、主题活动等形式开展实践研究，实施跨学科知识的整合和融合。针对部分有共同爱好和特长、学习能力较强、有明确研究方向的学生，学校特别开放了课题研究的硬件设备和实验环境条件，配合专业指导教师开展研究活动，课程体现一定的科技教育理念，将零散的各个部分整合为一个有机整体，使课程的各个要素"浑然天成"要充分基于本校的具体实际、办学资源等，同时还要基于学生的个性特点、发展需求和教师的优势。

通过科技教育在基础性课程、拓展性课程、研究性课程中的全面渗

透，市西中学在课堂内外全面推进创造教育，培养学生创新精神、创新意识、创造性思维能力和创造实践活动能力，架构以创造性人才培养为核心的课程框架，营造学校创造文化。

第三节 与时俱进——校本课程的发展

在国家课程全面达标的基础上，市西中学开发满足学生学习需要的校本课程，整体优化课程体系，提供丰富可选择的学习内容，系统设计各种学习方式运用的可能性，科学合理地整体配置学习时间，建设全开放连续性的学习空间；教师分析学生，尊重差异，重视培育学习兴趣，激发和维持学习动机，使用不同的教学方式，提供学习内容和学习方式的选择指导，科学设计和安排教学计划与时间，对学生加强学习时间安排和学习空间运用的指导；学生在教师指导下，通过综合评价，认识自我，发现自己的优势，学会选择学习内容，主动尝试学习方式，不断优化时间管理，在总结反思中实现持续发展。

一、艺术体育课程的建构

市西中学思维广场和艺术创新实验室，引导学生开展艺术欣赏和创作，提升艺术修养水平，培养文化理解、思想表达及审美判断能力。学校始终聚焦思维的培育，形成高雅的志趣，并通过以"健康"为核心的身心修炼课程群，着重提高和发展学生在身体与心灵方面的修养。塑造学生健康的体格，团结拼搏、积极向上的精神风貌，在心理体验活动中，发展学生健康积极的心理品质。

【案例 3.5】"3D Maya"课程[①]

模块一：我也是 3D 设计师

一、知识与技能

1. 了解 Maya 的基本操作界面，熟悉视窗操作和基本工具的使用及常见的物体编辑方法。

2. 学会创建基本的 Polygons 建模，能够独立运用所学的方法制作一个较为复杂且有创意的建模作品。

3. 了解 Maya 中的三点布光原理，学会创建基本灯光及参数调整，掌握深度贴图阴影方式。

4. 了解材质编辑器的界面，学会基本材质的设定。

二、过程与方法

1. 运用建构主义随机进入教学模式，以学生为主体，合理设计教学环境进行单元化教学。

2. 以建构主义自主学习策略的分组教学，提升合作、自主、探究学习能力。

3. 运用现代信息网络技术和多媒体辅助支持学习活动。

三、情感态度价值观

1. 通过互动式课堂，利用网络资源，了解当今 3D 数字艺术的发展现状，体验新媒体艺术的独特审美。

2. 在学习 Maya 软件的过程中，体会建模、渲染和灯光添加等制作的乐趣，与教师和同学分享完成作品的喜悦。

3. 通过单元化教学，逐步培养学生的学习主动性和研究性学习思维，进一步提升学生的探究能力。

[①] 本案例由秦捷老师提供。

模块二：挑战自己的能力

一、知识与技能

1. 了解 Nurbs 建模的概念和基本特点，学会创建基本物体及参数调整，初步掌握曲线创建工具。

2. 对通过控制点创建曲线和通过编辑点创建曲线两种工具的方法进行比较。

3. 掌握成面工具和曲面编辑命令，并运用成面工具完成一个建模。

二、过程与方法

1. 运用支架式教学法，通过传统美术表现技法、Polygons 建模和 Nurbs 建模的比较学习，使学生进一步理解 Nurbs 建模方式。

2. 通过设定问题情境，采用抛锚式教学策略，激发学生探究欲望。

三、情感态度价值观

1. 通过 Nurbs 建模的学习和制作，进一步理解空间造型的意义和促进学生美术造型能力的提升。

2. 在制作复杂模型的过程中，培养学生细致耐心、不畏艰难和攻坚克难的品质和精神，同时培养学生勇于接受挑战的心态。

模块三：超越

一、知识与技能

1. 了解基本的动画技术，熟悉 Maya 的动画界面，掌握关键帧 set key 的设定方法。

2. 掌握角色设置的基本流程，学会虚拟骨骼（Skeleton）的建立和理解父子层级关系，掌握 joint tool 为动画角色的各个部分分别创建骨骼，理解 FK 和 IK 两种动力学系统，初步掌握反向动力学 IK 的设定，学会简单蒙皮技术。

3. 初步掌握 UV 贴图的建立方式。

4. 通过学习角色动画原理，能够运用 IK handle 手柄初步制作角色动画。

二、过程与方法

1. 通过建立学习共同体，在促进学生合作学习中，使每一位学生都充满求知欲和保持探究学习的良好心态。

2. 通过抛锚式教学，设置区动漫比赛研究课题项目，促进学生自主探究能力提升。

3D Maya 课程由学校艺术教师开设，借助 Maya 这款运用广泛的现代艺术设计类三维建模软件，学生可以融合传统美术表现技法，自由地在虚拟世界里设计人物、建筑模型，构建场景，并设置不同的贴图、材质、光线进行渲染，甚至制作出类似于电影大片的动画特效，在课程中培养学生的艺术修养与创新精神。

【案例 3.6】"机器人啦啦操与机器人马球"活动

机器人啦啦操与机器人马球有别于其他机器人活动，它要求运动员站立在平衡车上进行活动与竞赛。与一般机器人活动相比，它不仅要求学生能够设计、调整、完善机器人有关内容，还对学生的体能培养、思维和反应能力有要求。智能结合体能，科技结合体育。市西中学机器人啦啦操连续两年荣获上海市中小学机器人竞赛冠军，机器人马球连续两年荣获亚军，这离不开体育老师的辛勤付出和总结。

一、时间观念

市西中学校训为"好学力行"，力行的基础就是对于时间的掌控。本次平衡车啦啦操比赛队员共五名，在平常训练中变化队形，需要相互配合，因此缺一不可。但训练前期经常会出现队员迟到现象，训练效率大打折扣。竞赛的紧张氛围、队员间的相互提醒、指导教师的言传身教使每位队员认清了自身的价值，她们明白了不迟到不仅对自身、对他人都是一个最基本的行为原则。因此在每次训练开始之前，每位队员都合理安排好了自己的时间，保证准时到达训练场馆进行训练，日积月累，她们逐渐明白了"迟到一分钟也算是迟到""如果怕迟到那就早点出发"这样的道理。

二、创新意识

平衡车啦啦操是一个崭新的体育项目，没有经验可循，加上在车子上跳舞有别于传统地面上的啦啦操，因此在动作设计与队形设计上都需要创新，才能在竞赛中脱颖而出。在比赛套路的编排中，队员与老师充分发挥了想象力，结合轮滑表演、冰上舞蹈等"相似"项目，做出了如"万向轮""高低交叉"等技术与队形，也为今后的编排奠定了创新基础。

三、终身学习

此次平衡车啦啦操比赛参赛的学校较多，每个参赛队都有自身的表演特色与对比赛的理解，队员们在完成了比赛之后都主动留下来坐在场边观看其他参赛队的表演，学习她们的优点，分析自己的欠缺，这也是终身学习意识的一种体现，没有最好，只有更好。

四、规则意识

"没有规矩不成方圆"，任何参与体育竞赛的队员都应该尊重规则，尊重裁判。此次平衡车啦啦操竞赛的参与学生在服装、道具、内容、音乐方面都紧跟组织方下达的各项规定，在保证方向正确的前提下开展训练，对学生的规则意识的养成有很大的帮助。

【案例3.7】平衡车中的个性化教学[1]

平衡车社团共有五名队员，其中三位学生的平衡能力较好，在开展的各项平衡能力练习，如平衡车过障碍绕环、平衡车单腿自转、平衡车画字母等，均是经过稍稍努力就能顺利完成，但另外两位队员小A与

---

[1] 本案例由蔡凯文老师提供。

小 C 的平衡能力较弱，且起初对平衡车相关练习有一些恐惧感，针对她们俩的情况，在此后的课程中，教师对其进行了个别化教学。

首先，教师将她们两人的学习进度调慢，先将每一个学习重点、难点都弄扎实，比如说平衡车单腿平衡，这里面的重点是单腿转，难点是左右腿均衡，经过这一专项训练后，两人的平衡能力都有所提高。另外，在每一个练习中给学生调低一个难度，让学生在练习中先收获自信，再循序渐进地提升难度。

其次，因为在平衡车上练习容易摔跤，会影响顺利练习的心理状态，所以教师分别重点教授了保护方法，鼓励学生在练习时两人一组相互保护，帮助学生自主安全地展开练习。

最后，鼓励学生通过更多练习，更多努力，追赶其他三名学生的练习进度。

因为平衡车项目在初期练习时会有新鲜感，但是熟练后就会略感乏味，如何在这一过程中间始终让队员兴趣盎然，这也是教师需要思考的地方。另外，落后其他人进度的两名队员，教师应该让她们更加懂得努力训练、勤于思考的重要性，这点教师还是做得不够好。

项目哪怕只有五名队员，教师也不应想当然地在课程设置上搞一刀切，因为这五名队员可能在接受能力上都不一样，所以个性化教学除了全面仔细地分析好教材外，还应该提前充分了解好学情，这点对个别化教学也特别的重要。

从这两个案例可见，对于学校体育工作来说，多样化、专项化的体育首先是要让学生喜欢。体育老师应该去想想怎么找到一个契合点，怎样去设计体育教学活动，才能引导学生自觉参加体育锻炼与活动，同时坚定"健康第一"的理念，即要将体育置于促进学生身心健康、保障个体存在和生命质量的基础性地位，促进学校内涵的持续发展。

二、创新实验室课程的建构

针对对自然科学、工程、信息等感兴趣的学生，学校为满足他们喜欢动手实验、探索创新的学习和发展需要，依托市西中学的 21 个创新实验室，开展头脑奥林匹克、静态模型、F1 在学校、无人机、机器人、人工智能、生物环保、TI 技术等一批特色校本课程，为学生提供内容丰富、途径多元的科创实践平台。

以下是部分创新实验室课程案例。

【案例 3.8】乐高机器人初级课程[①]

"乐高机器人初级课程"课程计划

第一模块（二课时）：乐高机器人零件的初识

教学方法：教师讲述、学生体验。

教学内容：乐高零件按大小、形状、颜色的分类体验；结构搭建零件的体验、乐高马达的体验；乐高传感器的体验。

第二模块（二课时）：学生制作（一）乐高机器人基础搭建体验

按照自己的想法搭建一部三轮可行驶小车。

第三模块（四课时）：学生制作（二）乐高机器人规范搭建体验

按照乐高搭建手册所提供的方法改进搭建的小车，并比较自己搭建小车的方法和搭建手册所提供的搭建方法之间的区别。

第四模块（四课时）：学生制作（三）搭建能停在终点前的小车

用 NXT 控制器直接编程的方式为搭建的三轮小车编写程序；

在不用传感器的前提下实现能停在黑线上的规定动作；

15 分钟小组竞技交流，比赛成绩计入平时成绩。

---

① 本案例由王纪华老师提供。

第五模块（八课时）：学生制作（四）能上阶梯的机器人小车

上阶梯机器人爬阶梯规则解读；

上阶梯机器人的实现策略分析；

上阶梯机器人的低落差接替上行搭建调试体验；

上阶梯机器人的高落差接替上行搭建调试体验；

上阶梯机器人部分组竞技交流，比赛成绩计入平时成绩；

上阶梯机器人难度提升——加负载，加入半包围乒乓球，要求跟车上行；

带负载机器人上阶梯部分组竞技交流，比赛成绩计入平时成绩；

上阶梯机器人难度提升——能自动识别最高一级的台阶并能停留在台阶上；

上阶梯机器人能停留在阶梯顶部3秒钟，并从阶梯顶端返回出发点；

能完成全程动作的机器人小组竞技交流，比赛成绩计入平时成绩；

第六模块（四课时）：学生制作（五）机器人走黑线体验

机器人光传感器配合搭建体验；

机器人能看到黑线停止并做出指定的动作；

单光传感器机器人能沿着黑线行进指定距离，并能在十字黑线交叉处自动转向。

【案例3.9】人工智能初步[①]

一、课程简介

人工智能（Artificial Intelligence，简称AI）是通过机器来模拟人类认知能力的技术。人工智能技术主要应用于四大领域：耳聪（语音识别），

---

① 本案例由钱晋老师提供。

目明（图像、视频识别），心灵（拟人思考，如 Alpha Go），手巧（行动能力，如自主机器人）。

本课程围绕日常生活应用场景，结合教材与实验，帮助同学们了解什么是人工智能、它的基本方法和常见应用。让学生对人工智能的原理有大致了解的同时，激发其对人工智能学科的兴趣，为今后进一步深入学习乃至进行课题研究打下基础。

课程学习过程中的出勤情况、课堂参与讨论情况、实验完成情况将被纳入考核。课程结束时，学生需提交实验作品（实物或代码）作为学习成果展示。

二、课程目标

1. 了解人工智能的概念和主要应用领域。

2. 理解 AI 技术的主要方法及其基本原理。（各算法具体细节和推导过程不做强求）

3. 能完成课程相关实验，了解 AI 主要算法是如何应用到实际中去的。

"人工智能初步"课程计划

第一模块（一课时）：人工智能引论

教学内容：人工智能定义；人工智能主要应用领域；人工智能课程定位和大致内容。

配套实验：参观 AI 实验室

第二模块（一课时）：机器学习及图像分类基本流程

教学内容：机器学习概念及分类；图像识别技术简介；图像分类基本流程（预处理—特征提取—特征分类）。

第三模块（二课时）：图像特征提取

教学内容：特征概念与特征向量；特征提取数学工具：卷积；特征提取方法举例。

配套实验：演示实验、教材实验3-1

第四模块（三课时）：图像特征分类

教学内容：特征空间和特征点；特征分类器概念与基本思想；线性分类器：感知机；线性分类器：SVM；多类线性分类器；非线性分类器；传统图像分类流程总结。

配套实验：教材实验2-1，2-2，3-1

第五模块（一课时）：深度学习引论

教学内容：传统分类方法局限性；深度学习概念；深度学习基本思想。

配套实验：教材实验3-2

第六模块（二课时）：深度学习与深度神经网络

教学内容：深度神经网络概念与分层结构；卷积神经网络概念；卷积神经网络结构与各层功能；卷积神经网络BP训练方法；欠拟合与过拟合；深度学习三要素：算法、算力、数据；深度学习历史。

配套实验：教材实验3-2

第七模块（二课时）：深度学习大实验

教学内容：通过实验，理解深度学习是如何应用到实践中的。

配套实验：手势控制机器人；智能小车

第八模块（二课时）：声音识别技术

教学内容：声音数字化：采样；声音的物理特征；声音的数字特征：频谱；传统声音识别方法；深度学习声音识别方法。

配套实验：教材第四章实验

第九模块（一课时）：课程总结

教学内容：机器学习概念；图像识别技术总结；声音识别技术总结。

【案例 3.10】SolidWorks 工程项目研究

一、课程简介

SolidWorks 工程项目研究是一门机械工程与设计方向的研究课，针对那些对机械工程有着浓厚兴趣且有一定建模基础的同学，为期一学年。

本课程使用 SolidWorks 这款主流建模软件进行三维建模设计，并进一步进行计算机模拟与校验，确保模型准确，具有可生产性。

本课程上半年将通过若干个有难度的作品进一步研究 SolidWorks 建模思路与技术，下半年将组成多个工程项目团队，研究如何针对市场需求，设计改进一款实用的创意小产品，并且尝试利用 3D 打印技术制造生产，甚至推向市场。

二、课程目标

1. 了解 SolidWorks 使用范围，掌握基本的操作方法。

2. 掌握 SolidWorks 建模思路，能够用 SolidWorks 独立完成生活中常见物体的复原工作。

3. 了解工程项目的基本流程，能够以小组为单位策划有价值的产品。

4. 了解 3D 打印技术，能够以小组为单位完成产品制造及升级迭代。

"SolidWorks 工程项目研究"课程计划

第一学期

第一模块（二课时）：SolidWorks 基本介绍与回顾

教学内容：SolidWorks 基本介绍；SolidWorks 3D 打印作品赏析；本课程定位和目标阐述；SolidWorks 界面介绍；基本草图绘制；拉伸凸台；拉伸切除特征讲解。

课堂作业与分析：50mm 立方体，50mm 直径圆柱体

第二模块（四课时）：进阶 SolidWorks 建模思维训练

教学内容：SolidWorks 建模思路强化，放样凸台特征讲解。

课堂作业与分析：纸巾盒建模

教学内容：SolidWorks 扫描特征讲解。

课堂作业与分析：回形针

教学内容：SolidWorks 旋转与旋转切除特征讲解。

课堂作业与分析：骰子

教学内容：SolidWorks 高级旋转切除特征讲解。

课堂作业与分析：铅笔切削 SolidWorks 基本介绍

第三模块（五课时）：SolidWorks 独立作品制作

教学内容：SolidWorks 独立作品制作。

作品建议手机壳、鼠标、百岁山矿泉水瓶特征概念与特征向量。

第四模块（四课时）：3D 打印相关技术讲解

教学内容：FDM 3D 打印相关技术讲解；光固化 3D 打印相关技术讲解；CURA 切片软件教学。

第二学期

第五模块（三课时）：开题阶段

教学内容：上学期内容回顾；本学期研究课题项目任务布置；讲解工程项目的基本流程，学生分组；进行市场调研，确立项目主题。

第六模块（八课时）：中期阶段

教学内容：进行原型概念设计；完成产品建模；3D 打印试制；产品升级迭代；产品最终定稿；产品正式生产。

第七模块（四课时）：结题阶段

教学内容：对项目进行评价总结；各项目组完成研究项目的论文撰写及修改；结题答辩，优秀项目展示。

科创实验课程极大地激发了有科创兴趣爱好和特长的学生的学习内驱力，越来越多的学生通宵达旦泡在实验室里开展学习和研究，涌现出一大批市级优秀课题，多位学生获得"明日科技之星""科技希望之星"、市"优秀小研究员"、市"未来工程师"等称号。近三年间累计获得的各级各类科创奖项510余项，市西中学的科创团队也连续获得上海市及全国一、二等奖。学生们在科创实验项目中不断发展，走向国际，走向世界。

三、漫思实验室课程的建构

在完整的学校课程体系下，学校根据学生培养目标，努力开发具有充分的可选择性、促进学生优势学习、适应每一位学生发展的个性化的课程。更精准、恰当地设计与实施学校的课程，使学习内容更有效地被学生掌握，使得学习过程中的选择、自主、优势智能走向更深层。

漫思实验室课程便是其中典型的一例。高一年级理化生3门学科3个班3个老师同时开展教学，借鉴思维广场模式，辅以综合实验室资源，学生根据任务单自主选择自主学习，重点是3门学科任务单的统筹设计。线上线下混合式教学，通过视频先导，进行教学资源整合，丰富学生自主选择学习的资源。学生根据自己的学习特点，可以进行网络内容的学习；可以独自冥想、阅读摘录。在这里，学生能够根据自己的学习风格、学习习惯、学习方式去任意选择，从而形成具有个性化的学习模式，成为自主学习的驾驭者。

【案例3.11】漫思实验室课程[①]

以2020年10月20日的一次漫思实验室课程为例，理化生三门学

---

① 本案例由依秀春老师提供。

科，3位物理、3位化学、3位生物，共9位老师，提供了如下的讨论主题供学生自主选择。每门学科的A、B、C分别对应学习水平知道、理解、综合。

以漫思化学学科任务单为例，任务单包括学习目标、学习资源、预学反馈、讨论主题、实验建议和巩固练习等必备板块。根据氧化还原基础概念的学习目标，所有学生完成Teach AI平台上的5道基础检测题目，部分同学还可以选择氧化还原规律的拓展提高视频进行自学，或者观看实验建议的视频。任务单上还会罗列出包括氧化还原基本概念等讲解的基础视频资源，以及氧化还原规律和判断方法等拓展资源，并指明化学实验室可以提供锌片、铜片、铁片、碳棒、硫酸溶液、硫酸铜溶液、硝酸银溶液、硫酸锌溶液、烧杯、电流表、导线、小灯泡、音乐卡、盐桥等实验用品。

在预学反馈环节会给出如下的基础知识，相当于学案板块。

1. 在 $Zn+2HCl=ZnCl_2+H_2\uparrow$ 中，Zn的化合价_____（"升高"或"降低"），_____（"得"或"失"）电子，作_____（"氧化剂"或"还原剂"），表现_____性，发生_____反应；HCl中_____元素的化合价_____（"升高"或"降低"）_____（"得"或"失"）电子，作_____（"氧化剂"或"还原剂"），表现_____（"氧化"或"还原"）性，发生_____（"氧化"或"还原"）反应。

2. 标明电子转移的方向和数目

$Fe+CuCl_2=FeCl_2+Cu$

$Zn+2HCl=ZnCl_2+H_2\uparrow$

任务单讨论主题和具体时间场次如下，依时间顺序罗列。

第一场（13:10—13:30）：氧化还原反应中电子转移方向和数目的表达。（A）

讨论内容：利用双线桥和单线桥表示氧化还原反应中电子转移方向

与数目，总结基本步骤与一般模式。

必备基础：氧化还原反应的本质是得失电子，元素化合价与氧化还原的关系。

第二场（13:30—13:50）：氧化剂、还原剂、氧化反应、还原反应、氧化产物、还原产物等概念之间的关系。（A）

讨论内容：将氧化剂、还原剂、氧化反应、还原反应、氧化产物、还原产物等知识概念结构化，加深对概念的理解。

必备基础：氧化剂、还原剂、氧化反应、还原反应、氧化产物、还原产物的概念。

第三场（13:50—14:10）：设计实验证明氧化还原反应中存在电子转移。（C）

讨论内容：设计出实验方案并画出实验装置的草图。

必备基础：理解氧化还原反应相关概念，了解实验设计基本过程。

第四场（14:10—14:30）：氧化还原反应中，物质氧化性、还原性强弱判断及规律的应用。（B）

讨论内容：利用物质氧化性、还原性强弱判断的规律解决新问题。

必备基础：理解氧化还原反应相关概念，运用氧化还原（拓展）视频中讲解的内容。

第五场（14:30—14:50）：氧化还原反应中电子得失相等规律的应用之一。（B）

讨论内容：氧化还原反应方程式的配平方法。

必备基础：熟练标出元素的化合价。

在实验建议环节老师会给出具体实验建议：

1. 利用锌片、铜片、铁片、$ZnSO_4$溶液、$CuSO_4$溶液和$AgNO_3$溶液等实验用品，对 Zn、Fe、Cu、Ag 的还原性强弱进行排序。

2. 设计实验证明氧化还原反应中存在电子转移。

在任务单最后有一部分巩固练习，有基础巩固也有拓展提高的选择题。

在漫思实验室的课程里，学生至少提前三天拿到理化生3门学科的任务单，根据任务单的学习目标内容提示，在AI平台进行基础知识的学习，可以自己看书自学也可以根据老师提供的基础视频学习，然后完成Teach AI平台的5道左右基础检测题目（选择、填空为主）。之后根据自己的完成情况，判断自己的能力水平，选择不同水平的场次；也可以根据自己的兴趣，选择不同的主题。

根据任务单，学生除了了解课前线上学习的基础内容以外，还可以从预学反馈板块完成基础内容的整理，相当于知识内容笔记。每张任务单上都有不同场次的时间和主题内容，学生根据自己参与的场次，可以感受不同的同学或老师的思维方法，根据任务单上提供的不同主题讨论场次板块，学生也可以理解本部分知识内容涉及哪些方向或模块，每一个模块或方向需要具备哪些知识基础。根据任务单的实验建议板块，在自己非选择主题时间内，学生可以在理化生实验室动手实践相应的实验；在非选择主题或实验时间，学生也可以在公共学习区域独立学习或与同学交流合作学习完成任务单上的巩固练习。

在漫思实验室的课程中，更好体现自然科学教育的动手实验的特点和要求。在漫思实验室的教学中，既有数学、英语学科基于网学平台"线上与线下学习"和"课前与课堂学习"，又有基于思维广场"独立学习与合作学习"和"自主学习与师生互动"，更重要的是，在学生"书"中学的基础上，增加了"做"中学，学生在漫思实验室还可以根据需要动手做实验，实现了接受性学习与探究性学习的结合，使学生"学做思"的过程更好地体现，更好地实现全面而富有个性的优势发展。

第四章

实践——科技教育与活动课程建设

第一节　活动课程内容设置

市西中学秉承"活动即课程，实践即学习，经历即收获"理念，关注默会知识，重视直接经验习得，致力于综合实践、科技创新课程的顶层设计，用精彩的活动建构、完善学校课程体系，用独特的实践引领学生深度学习和思考。

一、综合性实践活动课程

实践学习是实现学生社会化的重要学习途径和过程，具有促进学生社会化的功能。实践学习是一种面对真实的环境和问题解决的学习，基于学生的知识、经验和兴趣，密切联系学生自身生活和社会实际，以社会实际和需要中产生的问题为出发点，超越知识和技能体系中的学科界限，是一种能够避免单一知识接受的社会性学习方式。

市西中学具有开展社会实践的传统，"见习居委会主任""南京考察"等活动已持续20多年，实践学习注重学生对生活和社会的亲历与体验，在学习时空上向自然环境、生活地域和社会活动领域伸展，有利于促进学生密切与自然、与社会、与生活的联系，增强学生的主体责任，促进学生终身学习意识的确立与强化，促进学生创新精神和实践能力的培养以及良好的情感态度价值观的形成。

基于社会实践课程具有环境真实性、内容开放性、方法综合性、过程生成性、选择自主性的特点，因此在社会实践活动中同样可以渗透科技教育的元素。如市西中学从 2013 年开始"文化游学"的研学活动，在行走中常常围绕开放性问题而展开，随着学习和实践过程的深化，学生的认识和体验不断加深，对原问题会有新的认知，由此可能出现新的目标、内容和问题。解决方案不是唯一的，需要学生去比较、去分析，需要自己独立或小组合作努力去探索、去发现，才能找到可能的答案。

【案例 4.1】景区女厕排队所引发的双开门的设计

在成都游学期间，小徐观察到这样的现象，热门景点处男厕所门可罗雀，女厕所却摩肩接踵，各景区女性上厕所的等待时间普遍为男性的 3 至 5 倍，小徐同学考虑在保证安全性和私密性的前提下，将男厕使用率较低的马桶间打造成能与女厕共享，将马桶间建设在男女厕中间一排，两侧都有门，只要一边开启或锁上，另一边的门就会上锁。（见图 4-1）在游学期间的这个念头驱使她先在景区进行了可行性调研和问

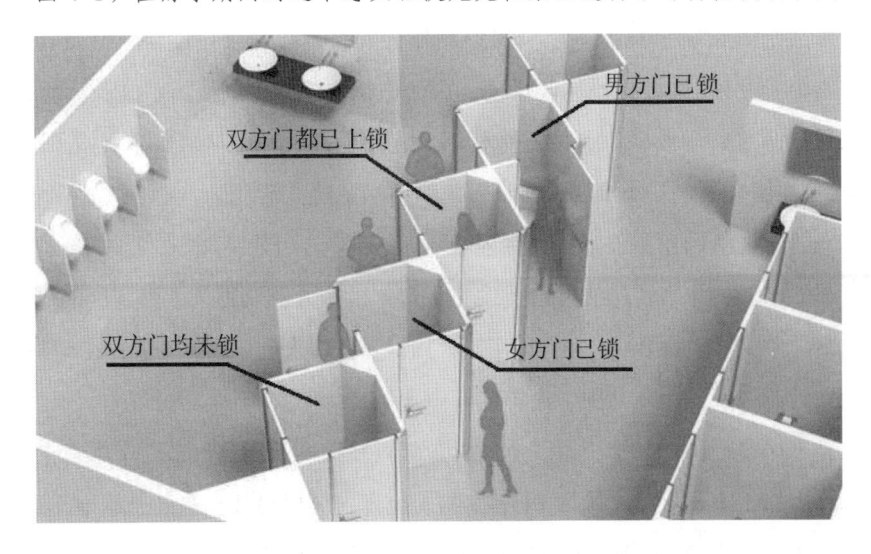

图 4-1

卷调查，在确定了巨大需求量的基础上，她做了方案的设计和模型的模拟。无论是借助连接板进行机械联动实现双开门，还是引入单片机及传感器进行的自动控制的双开门都是有益的尝试，经过科技教师的辅导，从想法到制作再到课题，从机械控制的设计到社会资源分配理论的思考，文化游学活动的经历促成了小徐科技素养的提升和社会责任感的全面进步。

社会实践学习是实现学生社会化的重要学习途径和过程，具有促进学生社会化的功能，密切联系学生自身生活和社会实际，也促使科技教育活动更广泛地开展与融合。

二、夏令营、邀请赛课程的建构

上海市市西中学作为静安区科技特色示范学校，在2018年暑期由孵化中心科创团队全程设计了"燃情火热的科创暑假"系列科创活动，为学生打开了科创体验的大门。内容包括：第3届上海市中小学科创体验夏令营市西中学分会场六项科技体验活动；F1 in Schools 科技挑战赛国际赛 SPYKAR 车队备战奇瑞汽车总部集训赛；市西中学静态模型社备战上海市航宇杯静态比例模型制作大赛；上海"一站四点"活动市西中学分站点3D建模体验活动；市西中学建模社新成员新手体验活动；与江西友好学校联手科技夏令营活动；市西中学机器人社团暑期集训；第33届全国创新大赛赛前集训等丰富多彩的科技活动。

科技活动竞赛也是科技课程的内容，它为学生兴趣的激发、创新素养的培养、才华智慧的展示提供了平台：机器人队获得了上海赛区的冠军、中国赛区的第一，还夺得了第8届世界机器人创意赛第一名；OM队先后获得了数十项奖项，还曾代表中国队参加了在美国、德国举行的世界级比赛；科技制作获得了全国青少年科技大赛最高奖。市西中学有上海市的"明日科技之星"，也有生物、地理、环保科技竞赛的全国冠军，2019年8月22日至8月27日，市西中学的SPYKAR车队在奇瑞汽车总部举行的 F1 in Schools 国际赛赛前集训系列单项赛活动中获得了车辆工程与设计、展台搭建与选集、营销及团队展示、压力挑战赛四场主题系列单项活动中三场全胜的好成绩。特别是彭津同学在第 33 届全国创新大赛上获得了全国二等奖及高士其专项奖，这是市西中学在全国创新大赛上首次获奖，这也是市西中学科技教育的成果体现。

每年市西中学学生参加的科技赛事（或活动）大致有如下：

2月—3月　　全国头脑奥林匹克大赛
　　　　　　上海市科学实践站一站四点授课和课题推进工作
3月—4月　　FTC、FLL 机器人比赛；人工智能竞赛活动
4月　　　　　上海市青少年科技创新大赛
　　　　　　上海市明日科技之星
4月—5月　　学校科技节
4月—6月　　上海市地球小博士论文竞赛；创客体验夏令营
7月　　　　　上海市中学生地震知识竞赛
7月—8月　　学校科技夏令营
　　　　　　机器人常规赛（规定项目场地赛）
9月　　　　　全国机器人决赛；F1 in Schools 科技挑战赛
10月—11月　上海市航宇杯静态模型大赛；青少年无人机科普大奖赛
　　　　　　STEAM 科创大赛；以丝绸之路为主题的无人机飞行场地挑战赛；F1 in Schools 华东地区邀请赛（含江浙沪新加盟学校）；SKT TEN80 邀请赛及泰纽科技支持的核磁共振体验活动
11月—12月　上海市创智杯大赛
12月—1月　　上海市静安区创新大赛；未来工程师大赛
　　　　　　上海市头脑奥林匹克选拔赛

正是这些比赛的提供、展示平台的搭建，才使学生展示了他们的想象力和良好的创新素养。

自 2014 年以来，市西中学连续 6 年面向社会开展了 STEAM 科创活动邀请赛及展示活动，每年来自全市各学校参与的师生均超过 250 人，影响日益扩大。市西中学也是上海市青少年科学创新实践工作站实践点，发起并主办了首届及第 2 届上海市中学生创客体验夏令营。这些活动的开展，均取得了良好的社会成效，体现了学校在科技教育方面所起的示范性作用。

以 2018 年的 STEAM 科创活动邀请赛及展示活动为例，既有向社会公开展示的上海市中小学创新实验孵化中心着力打造的 F1 在学校、"丝绸之路"无人机挑战赛，同时又开设了相当丰富的顶级科技体验活动，为参赛的学生和老师提供了良好的科技体验，激发学生的创造力。

其中市西杯"一带一路"无人机挑战赛则秉承"一带一路"的国家战略，鼓励参赛选手用无人系统和航空技术来编织青少年科技创新"一带一路"的宏伟蓝图。当场进行无人机拆装授课，比赛内容为多旋翼飞行器安装赛和"一带一路"巡航挑战赛。

SKT 竞速智能车项目课程的设计以纳斯卡赛车为原型，通过观察影响智能车速度、方向、稳定性等各方面的因素，由此引出相关数学及物理知识，让学生自主学习并将之运用到实践中，锻炼学生动手实践能力及主动思考能力，感受应对真实世界挑战的心态、品格以及提升知识和实战技能。

磁共振展示课程通过活动与现场学生进行互动、知识问答，打破人们对磁共振的偏见和误区；进行具有比赛性质的磁共振快速成像的体验活动，让学生直观感受磁共振的魅力。

市西中学 STEAM 科创活动邀请赛旨在通过赛事的体验，将赛车、无人机推广到更多致力于 STEAM 教育的学校中去，让更多的学生投身到科技活动中来,为社会培养更多的创新型复合型人才,为未来的科创发展培养更多的储备人才。

第二节 形成特色——社团课程的魅力

一、社团课程的定位与功能

1. 社团课程在中学教育中的定位

(1) 社团课程的内涵

社团是广大同学依照共同的兴趣、爱好自发组成的群众性业余学生组织。作为联系学校与学生个人的桥梁和学校重要的课外教育资源,社团课程开展得丰富多彩、健康向上,在推动校园文化的建设、优化成才环境、提高中学生综合素质等方面发挥了生力军的作用。从一定意义上讲,社团课程的发展程度,标志着校园文化建设的水准和所达到的高度;社团课程活动的点点滴滴,也将成为莘莘学子永怀不忘的甜美回忆。

(2) 社团课程的特性

社团课程对其成员进行自我管理、自我教育是其显著特征。中学生的社团组织通常是由教师牵头,以学生自主管理为主,教师管理为辅,作为一种自发形式的群众性组织,社团课程因其成员结构、活动范围、方式、组织机构的影响,决定了它不同于学校的其他课程,体现出了自身的特色。社团课程主要具有以下几种特征:

①群体目标的整合性。就参加课程的成员而言,其参与社团的初衷基本是由于在兴趣、爱好、特长、观念等方面具有某种程度的一致性,从而在社团活动中表现出极高的热情和主动性,并在彼此的交往和相处中相得益彰,所以社团凝聚力强,大家都能为共同的社团目标而努力。

②活动内容的多样性。学生是社团课程的重要组成部分，社团成员具有较高的素质和多方面的才能，众人拾柴火焰高，学生往往能集思广益，活动点子自然层出不穷，而且立意新颖，角度独特，能使课程达到意想不到的效果。如学校的无人机社团常常对学校的各种活动进行航拍，并将素材用到学校的纪录片中，发挥了重要作用。

③活动方式的灵活性。社团课程可以组织多种不同的形式进行；可以定期，也可以不定期。课程也可以进一步融入社会，学生自身也能得到锻炼和发展。一方面在组织形式上理论和实践结合得更紧密，更注重指导意义和社会意义；另一方面社团由"单枪匹马"转化为横向联系，社团之间实现了跨校乃至跨地区的联系。例如人工智能社团组织校外参观活动，F1车队与大众工业学校组织校际间的交流，等等。

④行为规范的自律性。社团课程要保持自身的正常运转，必须有一定的行为规范。由于社团还保持着课程的属性，因此通常学校会制定相关的规范，学生在规定的课程时间必须参加社团活动，除此之外，在课余时间，社团活动仍然可以继续，但也必须确保在规定时间和范围内开展，社团行为规范主要依靠成员的自觉，实行自我控制、自我约束。

2. 学生社团的功能

高中教育是基础教育的重要环节，是学生进入大学或者社会的关键学段。当代教育的全新改革和发展是现代社会对人才提出了更高要求，特别是知识经济时代更需要基础教育对传统教学做进一步发扬与突破。社团课程以其多重性的特征决定了其在学校人才培养、教育，甚至学校自身发展中具有课堂教学和其他途径难以实现的优势。

科学技术社团在学校社团建设中有着重要地位，相比传统课程，科技社团课程是学生接触现代科学技术的第一战线，所学的内容不仅对学生，对授课教师同样也是一种挑战。课程的内容主要发挥以下几个重要功能：

（1）有利于完善学生的个性，培养一专多能的复合型人才。社会主义市场经济体制的建立和科学技术的迅速发展，对学生的思想政治素质和综合能力都提出了更高的要求。但是，由于当前教育体制自身的制约，单一、传统的说教难以让当代学生接受，而且存在理论与实践的脱节。通过社团活动，充分调动学生的主动性和参与意识，使得学生在活动过程中既巩固和发展了兴趣、爱好、特长，又促进了具有个性特征的志向、品格、意志和情感的生成。21世纪需要的人才须是拥有多方面的知识、技能，善于人际交往，关心社会和他人，有较强的社会适应性的高素质人才。学生社团适应这一社会需求，不仅其本身为学生提供了锻炼技能，增进交往的机会，而且其活动内容和方式与社会接轨，也为学生认识社会，培养公关能力，增强社会适应，促进自我社会化等提供了绝好的机会，在无形中增强了学生的自我管理、自我教育和社会适应能力，最终实现自我发展。

（2）有利于推动校园文化建设。学生是校园文化建设的生力军，校园文化建设是否能够得到加强，很大程度上取决于学生的参与程度。由于学生层次不一样，兴趣爱好亦各不相同，这些多层次、多风格的学生社团成了同学们参与校园文化活动的有效阵地。它对于发展校园文化，优化育人环境，全面提高学生的文化素质和思想政治觉悟有着不可忽视的作用。科技课程一定程度上体现了学校的教育教学理念，一个愿意创新、勇于创新的校园文化更容易激励学生的学习欲望，培养出热爱学习、勇于创新的新时代人才。

（3）有利于推行素质教育，深化教育教学改革。所谓人才，是指适应社会需要的一专多能的复合型人才。这种复合型人才的培养需要素质教育。从宏观意义上讲，素质教育就是要树立两种态度，培养两种能力。两种态度一是指对知识的态度，二是指对工作的态度；两种能力是独立获取知识的能力，以及表达与交流的能力。从微观上讲，素质教育就是教育学生学好基础知识的同时，广泛而有目的地涉猎、研究其他科学，使自己具有多种技能。只有这样，才能提高自身综合素质，适应社会发展需要。未来世界新兴行业层出不穷，人工智能、物联网、5G等都只是刚刚起步的行业，对人才有着大量的需求，这些行业将在未来的衣食住行方方面面影响着我们，而学校的基础教学并不能覆盖这些与我们日常息息相关的科学技术。因此，在中学阶段让学生提早拥有前沿技术视野对深化素质教育有着举足轻重的作用。总之，参与社团活动是学生增强素质，进而适应社会发展需要的有效途径。因此社团活动已成为素质教育的有效载体。

（4）有利于中学生科技创新能力的培养。社团丰富的类型为广大成员的科技创新能力的发展创造了条件，成员的科研能力、组织管理能力以及社会交往能力，都在社团活动中得到了锻炼。创新意识不是一朝一夕形成的，它是一种先进文化长期积淀而形成的一种社会意识。社团正是校园文化中形成这种文化机制的有效阵地。另外，创新课程的性质和特点决定了学校要开展创新活动，必须具备一定知识背景的教师、足够的活动经费、强有力的指导力量以及充足的社会资源等。由于目前教学机制和教学资源所限，学校不可能花大量的时间和精力来开设专门的课程开展科技创新教学，以社团的形式自发组织的学术性社团正好填补了这一空白，成为广大学生开展课外科技创新活动的有形载体。

校园本身是一个小社会，社团课程不仅是学生的学习课外知识的课程，而且是学生接受锻炼和提高本领的训练基地。在当前改革开放的新形势下，丰富多彩的社会活动是加强和改进思想政治教育与管理工作的有效途径之一。一方面，学生通过授课的形式亲眼看到了改革开放的大好形势，亲身体验了党的路线、方针、政策的正确性，升华了感性认识，促进了理性认识的提高；另一方面，在社团活动中，学生处于主导地位，由过去的被动教育变为主动的自我教育，封闭教育变为开放教育,单一形式教育变为多种形式教育,有效地促进了理论与实践的结合,有效地把活动的思想性、学术性、娱乐性融为一体。加强社团建设,推进思想政治工作进社团,是开辟德育工作新领域可行性很强的途径。

3. 市西中学社团基础设施、概况、特色介绍

市西中学是一所位于上海市中心的市级实验性示范性中学,学校的学生社团更是其一大特色,历任校长非常重视学生的全面发展,为了学生能走在时代前沿,更是敢于做第一个吃螃蟹的人,为学生的创新教育创设各种条件。市西中学是上海市第一批建设计算机机房的中学之一,与此类似的还有乐高机器人实验室、思维广场、漫思数学实验室、人工智能实验室等。围绕实验室建设展开的课程建设也从不停歇,市西中学的学生从2000年就开始接触计算机编程,网页编程,flash制作等方面的课程,机器人、头脑奥林匹克、数学建模、TI图形计算器的编程等均走在时代前列,学校不断投入创新课程和社团的开发,建立了教师开发团队,使得创新教育不断获得新鲜血液。

市西中学现有机器人、静态模型、头脑奥林匹克、生物技术、化工技术、数学建模以及自动控制等15个创新实验室,配套开发了"实验室核心课程"。

2014年,市西中学经上海市教委批准正式成立上海市中小学创新实验孵化中心,学校和中心建成21个实验室以及开发相应课程,将促进学生个性化优势学习与发展的成功经验,更好地向静安区、上海市乃至全国辐射,而且指导和帮助静安区有关学校建设创新实验室与研究课程开发。学校同时成立了以12位中青年教师为主体的课程开发团队,正在对创新实验课程进行新一轮的开发研究和实践。孵化中心不断在区域范围内发挥作用,与华东模范中学、上海戏剧学院附属高级中学、同济大学附属七一中学联合进行了现代通信实验室、舞台声光电仿真模拟

实验室、3D 实验室的开发设计等。创新实验孵化中心还将进一步扩大辐射范围，探索中小学创新实验室的运行管理机制和师资培训机制，举办全市或全国以及世界级的科技活动，如未来城市设计大赛、F1 在学校等。

二、社团课程的内容与开发

开设一门课程需要经过若干个重要步骤，学校需要开发社团课程必须包含知识课程内容和自主活动的社团内容。科技课程相对其他课程有一个循序渐进的过程，需要具备一定的基础知识才能够一步步加深，对于学生的知识储备有一定的要求，这就需要教师通过统一授课的形式教授给学生。以人工智能为例，学生想要知道人工智能的原理就需要了解到相关的专业课，如机器学习，而机器学习中提供了许多机器学习的方法，如 KNN 算法、决策树、支持向量机、神经网络等，又需要一定的线性代数、群论等数学知识作为基础，这些知识相对于中学生而言非常的晦涩难懂，这里就需要授课教师在其中提炼出精髓，用最通俗易懂的语言讲解给学生，使之更易于接受。创新课程的另一个组成部分便是实践，前沿科技往往给学生一种畏惧感，常常被认为是以中学生的认知无法接受的存在，因此找寻适合学生的教学实践内容对教师而言也是另一种考验。同样以人工智能课程为例，学校花费了数百万联合商汤科技公司建立了上海首个人工智能实验室，联合商汤科技公司共同编撰了人工智能相关教材、设计了相关课程，使得人工智能的内容易于被中学生接受，在教学过程中，教师会根据学生的情况适当修正相关内容，使其符合学生的认知过程，这也需要教师不断学习使用新的教学平台，补充新知识点。例如钱老师在授课过程中，为了将卷积神经网络的过程描述得更为清楚，就使用了谷歌开发的 TensorFlow 平台，用可视化的方法，解释了机器学习的过程，如图 4–2 所示。

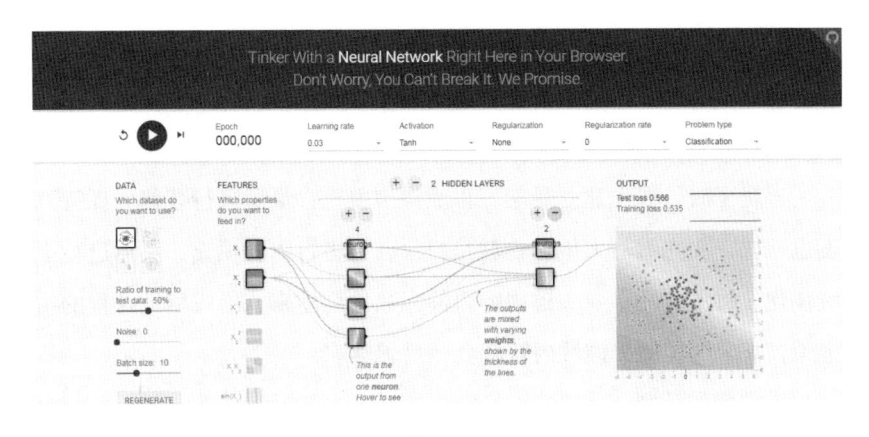

图 4-2

另外科技课程不同于其他文化艺术类课程，需要学校有与时俱进的宏观视野，能够嗅到时代发展的方向，把握科学技术的最新进展。市西中学有着非常好的科技教育校园文化背景，并且非常注重教师的科技素养培养，尤其对于理科教师的信息化技术、动手能力有一定的要求，在科技类课程开发时，需要教师具备一定的专业背景，仅仅是兴趣爱好很难将课程内容讲清楚，也很难拔高学生的科技素养。不同专业背景的教师也会经常组织研讨、参观、考察等活动，时刻保持着学习热情，乐于挑战，敢于突破，潜移默化中践行着好学力行的校训。

中学阶段的学生仅仅通过数理化生计的学习对于现代科技的认知也是有限的，通过科技社团一方面是为了拓宽学生的科技视野、培养学生热爱科学技术，也为了锻炼学生的实践能力，使其具备一定的科学研究能力。因此，学校针对学生情况，在课程开发方面大致有以下几个步骤：

1. 需求分析及目标确定

根据针对性及实用性原则，课程务必要以学校和学生的需求为基准。因此，在进行课程开发之初，针对具体待开发的课程，课程开发人员必须对学生进行有针对性的需求调研。比如，要搞清楚学生通过这门课程能够学到什么，课程在以后能解决什么问题等。

2. 纲要及逻辑的设定

盖房子时，要先建立骨架，再灌浇混凝土，最后进行装修。课程开发也一样，要先编写大纲，也就是目录，再进行内容填充，最后进行系统优化。将课程的主要关键内容言简意赅地列出来，形成培训课程的主框架，整个课程的关键性内容就会一目了然。

3. 内容的编撰

（1）资料的搜集：课程开发的过程，也就是"采百家花酿自己蜜"的过程，一般说来，开发一份较为完美的科技创新课程相当于自学一门或多门大学课程，需要整合的技术材料和课程内容在很大程度上取决于教师的视野，因此对教师有不小的学习能力的要求。

（2）资料的整理：创新课程可参阅的资料非常多，不同高校不同高中不同期刊，所有能获得的信息都能整合进创新课程中，需要教师平时不断地积累，将其中通过自己的判断认为有价值的内容挑选出来，放在课程设计中去，以备自己接下来再次完善纲要及内容撰写的需要。

（3）纲要的再次完善：随着大量有价值的素材被整理出来，课程的素材内容非常丰富，这个时候，需要对原有的课程纲要做进一步的完善。另外，我们在整理资料的同时，许多有价值的素材也会冲击我们的思维，拓展我们的思路，引发我们新的思考。

4. 检查与审核

课程设计完了之后，首先要对全文进行仔细检查，包括对课程结构、逻辑关系、错别字、标点符号等内容。同时，为了避免自己一个人的视角所限，还会请其他教师检查或提出可行性的意见和建议。如果该课程有多位教师，那么课程再发给其他教师征询意见，请各位教师按照自己的讲课思路提出修改意见。通过检查、意见征询并完善定稿后，再提交给学校领导。由领导从针对性、实用性的角度，对课程的内容结构、逻辑关系进行检查，并结合学校的具体情况予以严格的审核把关。

【案例 4.2】物联网课程

孵化基地成立初期，物联网课程由刚入职不久的物理组杨浩老师负责，杨浩老师本科学习计算机科学，在单片机、编程方面有一定的开发经验，对于之前未涉足过的物联网的课程设计也兴趣盎然。在经过一个学期左右的研究打磨，课程架构初见雏形。

针对待开发的创新课程，开发人员必须对学校的硬件设施、学生的知识背景和预设的学习目标进行有针对性的调研。学校有丰富的科技课程作为开发经验学习，有着诸如机器人社、OM 社、TI 数学社等专业性非常强的课程。

这次开发的物联网课程，需要大致了解物联网的概念、技术架构。开发初期，教学目标始终是一个困扰，物联网概念非常丰富，涉及的领域也非常广，如智能交通、智能安防、智能零售等，任何领域的科普都足以成为一门独立的课程。然而回到科技课程的初衷，科技课程旨在培养锻炼学生们的科学思维、科学视野、科学素养以及相应的科学技能，学会学习，尤其是学习先进领域的知识将是学生在未来生活过程中勇立潮头的竞争力。最终，结合学校好学力行的校训，课程目标被定位为一门实践课程，除了理论部分外，学生需要在课程中学得一定的物联网开发能力，使有相关方面特长的学生能提前了解一些必备技能，为以后择校择业确定方向。在研发课程的老师以及相关老教师的经验指导下，物联网的课程目标为：

1. 初步了解物联网技术架构及其应用。
2. 掌握一种物联网开发的硬件编程语言。
3. 能利用相关硬件自主开发简单的物联网应用程序。

在确定了课程目标之后，就得着手确定教学内容和教具了，智能零售、智能交通等概念和中学生尚有一些距离，因此将开发的内容围绕在智能家居这一块，设想利用相关硬件能够让学生远程操控一些简单的家用电器，或者自动监控家中的一些环境参数。硬件的开发平台被选定为 Arduino，主要有以下原因：1. 学校已经有过 Arduino 开发相关的社团和课程，学生之前对其已经有一定的了解。2. 移植方便，Arduino 使用类似于 C 语言的编程语言，其结构也容易让学生理解程序化语言是如何执行的，便于迁移到 Java、Python 等平台。3. 支持几乎所有市售单片机，这一点非常重要，毕竟是一款针对单片机学习开发的软件，其兼容性做得非常不错。接着是硬件选择，物与物之间的通信肯定离不开硬件的支持，市面上关于物联网开发的套件也层出不穷，开发平台也多种多样，盲目购买势必会造成额外的经济负担，市面上也有整套的物联网课程出售，有些和高校联合创办，动辄数万乃至百万，在课程研发的初期，这种需求显然是不切实际的，因此在做了充分调研之后，我们决定使用一款集成了 ESP8266 无线通信功能的名为 NodeMCU 的芯片。这是一个开源的物联网平台，它使用 Lua 脚本语言编程，它的一个优势在于非常易于学习，可编程性很强；另一个优势就是价格，这款芯片市售价格不超过 20 元，非常适合高中生学习使用。

教学内容是一门课程的核心，是实现课程目标的关键环节，在设计的过程中，考虑到学生学习程度的提升，制定了基础型内容和拓展型内容，基础型内容包括：

1. 安装软件硬件。

2. 联入局域网。

3. 局域网无线操控（遥控灯光）。

4. 局域网无线数据读取（室温监控）。

5. 其他基础内容等。

拓展型内容包括：

1. 阿里云的注册和使用。

2. 物联网远程操控（远程安防锁）。

3. 物联网远程采集并数据分析（天气信息采集）。

4. 短信控制家电（短信包读取）。

5. 自主项目研发等。

课程内容初期没有设置难度太大的项目，让学生由浅入深逐渐了解编程和物联网技术，在后期对感兴趣的同学可以有一定的难度加深，其中会涉及许多其他计算机知识，例如加密通信、数据库的使用、Web爬虫等技术，对于完全没有计算机基础的高中生而言，这些内容设置可以打破他们对于高科技的恐惧，逐步接纳并掌握这些时下流行的前沿技术。

在编撰完课程内容后就进入了试教阶段，课程首先在国际部杨浩老师自己的班级中进行教授，他对学生的数理水平等有一定的了解，可以根据学生的程度做到因材施教。在试教阶段，他借鉴了其他老师教授Arduino编程的内容，让学生由浅入深逐步了解计算机语言。在课程的后期学生已经可以利用局域网控制内网的继电器、LED灯等，实现远程遥控的功能，也有同学实现了通过短信包SMS查询硬件设备的状态等功能。物联网课程的学生中，有些人在毕业后选择了电子信息、计算机等专业继续研修，相信高中阶段物联网课程的学习已经打破了他们的技术壁垒，使得他们对所学的专业有了更深入的了解。

三、课程的管理与实施

市西中学一直致力于培养学生"全面而有个性的发展"，而丰富多样的社团活动不仅满足了学生的个性化发展，更体现了市西"选择形成责任，规则造就品德"的育人理念。为了更好地推动学生社团发展，更好地发挥社团在激发学生学习内驱力、促进学业发展上的功能，依据"低门槛注册、日常性评估、规范化年检、分星级扶持、不合规注销"的社团管理模式，学校支持学有余力且在某一方面有兴趣、特长、爱好的同学个性化发展的同时，进一步明确学生自主选择参与社团活动的条件，让社团真正成为促进学生个性化发展的载体途径之一。

1. 社团构成

市西中学的社团经过多年的迭代保留了一批优质的科创社团，如静态模型社、机器人社、头脑奥林匹克等，社团由经验丰富的老师以及高年级学生负责管理，受到广大学生的欢迎。除此之外，也允许学生和老师按照不同的特长兴趣组建新社团，有意向组建新社团的学生向校团委递交申请书，经校团委审核同意后便注册成功。

2. 社团管理

每学年暑假里完成新社团申请注册，每学年开学第一周完成社团展示与招新，每学期期中和期末根据有关规定进行社团成员的微调。

学校每周都会安排一些时段给学生参加社团活动，学生可以选择其中一个或两个时段开展活动。根据团队发展需要和指导老师的要求，也可自主安排社团活动时间，有可能安排在双休日。

除了个别社团需要专用教室之外，其他社团活动地点根据社团活动的需要，由学校团委统一协调安排。

3. 社团激励机制

每一学年根据《市西中学社团考评细则》，从社长会议考勤、社团材料提交、社会活动参与情况、社团日常活动情况、社团获奖情况等方面进行综合考评。评为优秀社团的社长即为优秀社长，学校给优秀社长颁发证书。学校在下学年对优秀社团给予活动经费奖励，此款项只能用于社团日常活动必需的支出。对于考评不合格（考评结果低于60分）的社团进行注销。

4. 课程的内容与框架

市西中学的社团课程体系丰富，大致分为以下几类，如表 4-1：

表 4-1

科技创新类	人文社科类	音乐艺术类	体育竞技类
AI 人工智能社	辩论社	舞蹈社	桥牌社
OM 社	模联社	VC 音乐制作社	篮球社
环保社	国风社	摄影社	足球社
天文社	文学社	管乐社	飞镖社
科研社	英语演讲与辩论社	合唱社	燃脂搏击社团
无人机社	心理社	摇滚社	羽毛球社
三维建模社	红十字社	音乐工作室	围棋社
静态模型社	英语阅读社	瀛洲烟雨配音社	
化学与实验社	文创社	音乐戏剧社	
电子制作社	公共交通研究社	平面与动画设计社	
无机物大作战社			
物联网社			
3D 打印社			
乐高机器人社			

其中科技社团课程种类丰富，并且分为若干个框架，社团与社团之间融合性强，交流甚密。如喜欢做模型的学生可以参加静模社，学习完相关基础知识后，可以学习进阶的 3D 建模、3D 打印技术；学习电子制作（Arduino）的学生，在掌握了电子器件的基础知识和相关编程知识后，可以参加物联网社团学习更进一步的知识。

未来，市西中学的课程体系将会更加贴近时代需求，结合新能源、人工智能、5G 等技术，帮助学生打开视野，提前布局未来，成为引领时代的先锋。

第三节　创新突破——赛队课程的冲刺

市西中学的社团课程中有一些课程极具特色，它们面向中学生的科技竞赛依托相应的市级、全国或者国际而建立，比较著名的有头脑奥林匹克、世界机器人大赛（WRO）、F1在学校等。

一、赛队课程的定位与功能

各类科创大赛的目的主要是丰富校园文化生活，普及科学技术知识，弘扬科学精神，提高科学文化素养，挖掘学生潜力，提高学生综合能力，培养学生创新精神和实践能力，展示学生特长和促进学生全面发展。这些目标同样符合当前教育形势下对中学生的科学素养培养目标。

学校可以利用各类大赛作为背景，搭建自己的社团课程特色，各类科创大赛因其具有一定的规模，有着较为合理统一的比赛规则，外加一定的知名度，在很多方面都能作为学校建立相关科创社团的基础。其功能主要体现为以下几个方面：

1. 依托比赛开展科学技术教育

许多比赛都会涉及一些课外知识或者前沿科技领域，如数学建模、未来城市设计大赛、月球城市设计大赛等，学生可以通过参加比赛拓宽自己的知识面，并将所学的知识付诸实践。

以WRO为例，WRO赛事是一项以实践教育为基础，将科学、技术和数学等多学科、多元素融合的赛事，竞赛项目包括常规赛、创意赛、足球赛、展示赛等，能有效地把现代化的科学概念引入校园里的科技教育活动中。为了设计并搭建完成相应的机器人解决挑战问题，学生需要调动创新能力、创造力和解决问题的能力等多项技能，并需要掌握科技、机器人等多学科交叉领域的知识，这就要求学生必须学习并实际应用他们在科学、工程、数学和计算机编程等多门学科当中掌握的知识，在报名比赛后，官方会给予一定的技术支持，比如参观学习、配套的教学等，学校完全可以依托这类课程提供相关的科学技术教学，如机械结构、单片机编程、自动化控制等，并形成良性循环，使学生不断产生新的学习热情，并保持创新的激情。

还有一些比赛可以将学生带领至更深的学术研究。不同于 WRO 带领学生学习更多未知领域的知识，数学建模的目标不是要教给学生很多的知识，让学生成为博学多才、无所不会的通才，而是要培养学生的自学、自创、自我探索解决问题的能力，培养学生自我提高的能力。数学建模的最主要的任务就在于启发学生在繁复的实际生活中发现问题；研究分析了解问题的实质，寻找解决问题的途径；善于查询、参考并利用他人解决同类问题的方法理论；在短时间内掌握必要的知识技能，迅速形成解决问题的初步的可行方案，并结合方案实施情况，逐步改进方案，最终使问题得到圆满解决。

2. 依托比赛培养学生综合素养

STEM 教育源于美国，STEM 是科学（Science）、技术（Technology）、工程（Engineering）和数学（Mathematics）四门学科英文首字母的缩写简称。然而，STEM 课程并不是科学、技术、工程和数学教育的简单叠加，而是要将四门学科内容组合形成有机整体，以更好地培养学生的创新精神与实践能力。通过比赛建立的社团课程的突出优势在于可以培养学生的各方面核心素养，比赛对参赛学生而言，既是一种压力又是一种动力，在不断攻坚克难的过程中，培养加强各方面能力。经过多年办赛经验的积累，比赛规则的更新迭代，STEM 比赛的项目设置更加的多元化，不再仅限于针对科创人才的培养，人文、社科、艺术的加持也使得更多的学生可以加入进来。

一方面，STEM 教育关注到新时代对理工科技术人才的要求，也关注到科学、技术、工程、数学几个学科的整合。但是当今社会市场不仅要求工程技术人才的培养，也要求这些人才要善于交流，以及具备理工科专业能力之外的其他能力。未来的公司也更倾向于寻找那些在专业方面的必需能力之外还有其他各种能力的人才。市场要求人才不仅具有扎实的专业能力，还要具有沟通交流能力、创新能力、创造性思维。在此背景下，艺术（Art）教育融入 STEM 课程体系，从 STEM 教育进化为 STEAM 教育。如头脑奥林匹克大赛，不仅需要学生有全面的数理科学知识，还需要有一定的人文社科类知识，许多同学的艺术特长也可以应用到 OM 的比赛之中。不同于其他科创大赛，OM 不仅要制作出一个成品，还有展示环节，这就需要学生具有编写剧本、作曲、布景等能力。无论是理科特长还是文科特长的学生，都可以参与进来。这样的比赛使得有着不同兴趣爱好的同学之间有了相互交流的机会，互通有无，加深了同学情义的同时，也培养了重要的团队合作品质。

另一方面，STEM 课程也更加注重科技的人文性培养。进入 21 世

图 4-3　市西中学 OM 队

纪，随着科学技术的突飞猛进，人与自然、社会、人之间的矛盾日益加剧。首先，人与自然的关系由于科技带来的负面影响日益恶化。科技发展在推进人类社会文明进步的同时，由于人类为了满足个人享乐，滥用科学技术，不断开采自然，向自然不断索取，导致了资源短缺、环境污染、生态失衡、部分物种灭绝等一系列自然环境问题。其次，人与社会的矛盾也日益紧张。由于科技发展带来的地区之间发展不平衡使得南北矛盾、区域矛盾、战争冲突、饥饿和疾病等一系列矛盾日益凸显。如发达国家为了资本输出，将高污染、低产出产业转移到发展中国家，还有部分国家为了掠夺资源挑起战争。此外，人与人之间的矛盾也日益加剧。近代工业文明以来，人类对权力和利益的追逐越发强烈，最终造成了享乐主义、个人主义、官僚主义等不良作风盛行。在物质利益驱动下，人类为了追求利益造成了精神与道德的缺失，这也影响到国家政治和信仰的稳定。在这种社会背景下，科学性是人类与自然、社会、人之间关系矛盾问题的一个重要影响因素。在封建社会与农业社会时期，人与自然、社会、人的关系和谐是社会进步的重要因素。因此，在当下社会科学发展中人们呼吁关注科技人文化，教育理论界也呼吁关注教育的人文性，因而科技比赛的课题越来越趋向于解决这类冲突。市西中学有着悠久的机器人比赛史，如FLL（First Lego League）机器人比赛，比赛须经过机器人实地挑战赛、技术答辩、课题答辩及团队展示共4个环节的评比，科技含量很大。2013年FLL的主题是"关爱老人"，赛事要求参赛者完成根据老人可能遇到的现实状况进行情境设定的实地挑战赛，如机器人协助老人端菜、扶老人起床等。经过一系列的社会实践调查，市西团队这次研发的机器人作品是"模块化悬挂轮组轮椅"和"可调节式助力电动椅床"。选题体现了新时代对于STEAM课程的要求，当年市西中学的Shixi Halo和Shixi Galaxy队伍在比赛中均取得了优异的成绩。

除了与艺术、人文结合，STEM比赛也可以和体育结合在一起，如机器人马球和机器人啦啦操的 STEM 比赛，就是一个将 STEM 课程与艺术、体育、交流协作结合得非常完美的 STEAM 比赛。机器人和马球以及啦啦操听上去完全无关，这项引入了平衡车的机器人比赛，考验的是人与人、人与机器的协同合作。市西中学于 2015 年首次引入这个比赛，并为训练建设场地，学生和老师利用社团课的时间进行训练。所谓的机器人马球比赛是参考古代马球规则，用"机器人"替代"马"，将古代的竞技传统与现代机器人有机结合起来的比赛。该比赛面向男生，对抗性较强，属于一种新型的竞技体育。而针对女生的则是机器人啦啦操，与传统的啦啦操不同之处在于，学生需要站在平衡车上完成各种复杂队形的编排，和传统啦啦操相比，借助平衡车做队形编排难度更高。学校引入机器人马球和机器人啦啦操这类科技体育比赛，主要看中其融合了科学技术、团队协作和体育竞技的特色，能够充分培养学生的综合素养。

3. 依托比赛提升学生国际视野

随着 STEM 课程在全球的风靡，越来越多的 STEM 比赛进入中小学，并有着广泛的全球知名度，比如 OM、WRO、FIS 等比赛，除了市级、全国级别的比赛之外，主办方还会每年定期举办世界比赛，邀请世界各地的顶级赛队参加，对于热爱科创的学生而言，无疑是一场饕餮盛宴。世界赛通常会选择全球某个地区作为比赛地点，学生需要出国参加比赛，相比国内赛而言，去国外比赛的挑战更大，需要克服的挑战更多。

首先是语言问题，世界赛的主办方通常会以英文发布比赛主题，而且需要参赛队伍以英语作为第一语言展示成果并进行答辩，这对学生的英语口语表达是一大挑战。如 OM 有表演环节、WRO 有答辩环节、FIS 有展示环节等，学生需要提前准备好，以便现场流利表达。各个比赛也会安排一定的社交环节，不同参赛队伍之间会相互学习交流，交换纪念品、联系方式等，在日常对话中提升语言能力。

图 4-4 市西中学平衡车啦啦操队

其次，有的比赛会将多支队伍融合在一起混合组队参赛，其中典型的代表就是 First Tech Challenge（FTC 科技挑战赛），比赛规则中有一个特点，每场比赛是由两个联盟进行竞赛，每个联盟由两支队伍组成。这就决定了比赛必须要与其他队伍合作，强调了协作性。2014 年，市西中学参加在澳大利亚举办的 FTC 科技挑战赛，其间与深圳中学、墨西哥的队伍进行联队，最后拿到了总冠军。

STEAM 相关的世界赛同样反映了各国对待科创人才培养的不同态度，欧美一些科技实力很强的国家 STEAM 课程起步得非常早，可以看到西方国家对科技教育的重视程度，学生通过比赛提供的平台，切身体会到这种差距，从而树立远大的人生目标。2015 年，市西中学首次参加了 F1 in Schools 中国挑战赛，并在全国赛取得了第三名的好成绩，随后还作为中国代表队参加了当年在新加坡举行的世界赛。虽然市西中学在中国获得第三名的成绩，但等真正踏上世界舞台才认识到了差距，无论是赛车制作、手册构图，还是站台设计，都暴露出了经验不足，队员们虽然非常努力，但仍然弥补不了经验上的差距。例如德国队当年的展台是拆分成模块，通过海运提前一周通过物流运送，等开始搭建展台的时候，他们只需要拆箱组装即可，反观我们的队员，又是灯罩、又是展板、又是胶带，花了很长时间才将展台制作完成，差距一目了然。

综上所述，以科创比赛作为依托的社团课程更能激发学生的潜力，培养学生的综合素养。

二、赛队课程的内容与教学组织

赛队课程的内容开发主要依托各类科创比赛的内容而设立，在课程开发方面相对于社团课程比较简单，各类科创比赛在参赛报名阶段都会提供相关的比赛规则和技术支持课程，例如乐高机器人，WRO会提供相关的套件和软件以便参赛队伍开展相关培训；另外，当前许多的科创比赛综合性非常高，已经融入了许多综合素养培养的内容，比如头脑奥林匹克的长期题，内容涉及车辆、建筑、旅游、考古、广告、买卖、金融、环保等方方面面的知识，都适合开展相关课程教学的内容。除了官方提供的相关素材之外，赛队课程也会涉及许多其他方面的知识，例如OM的展示答辩环节、F1的展台设计等，都需要其他方面知识的辅助，因此对于赛队课程的指导教师而言，必须有非常宽的知识领域和学习能力。

课程一般会按照比赛规则进行分块教学，如OM会安排工程相关、展示相关的课程内容，机器人会分为机械结构、自动控制等。教师根据比赛规则提供大致的教学方向，在教学过程中不断地细化，这就需要教师和学生共同学习。随着课程的推进，部分学生逐渐成为各个细分领域的专家，甚至有的课程让有经验的学长来带领队伍，减轻教师的部分压力，充分发挥学生的主观能动性，形成良性循环。

以FIS为例，当学生报名参赛之后，官方会提供必要的硬件软件，如比赛专用赛道、小型风洞、数控机床、赛车建模软件等。官方会提供一定的使用说明书，还会提供当年的比赛规则。2015 年，市西中学作为首批试点学校，参加了该比赛，由于没有相关参赛经验，相关课程由王纪华老师和杨浩老师负责，带领两支队伍研究比赛内容。首先是规则研究、组织分工，比赛涉及用数控机床制作赛车，需要安排工程的同学；有展台设计和手册制作，这就需要有美术基础的同学负责；还需要有一定的资金赞助，就需要有同学担任赛队经理去拉赞助。教师和学生在备赛过程中需要不断地学习，如赛车制作中就涉及许多建模的知识，比赛规则会细化到车身长度、高度、轮胎尺寸、整体质量等，车身使用数控机床雕刻，雕刻的时候需要设置雕刻精度等，车队的工程师们通过一次次的实践不断积累经验，使得车身曲线越来越完美，相互交流切磋，共同成长；车头、轮子、尾翼部分则需要使用 3D 打印，学生除了自己用 3D 打印建模，测试轮胎结构，还在网络上寻找专门的 3D 打印公司，知道哪家的材料轻且坚固；从油漆选取到打磨上光上色的工作请教了静态模型社的同学。其他细节更是数不胜数，如车子的轴承选取，油漆重量的影响等。不论是教师还是学生，在备赛过程中都获益匪浅。车队在当年的全国赛获得了全国第三名及其他四个特殊成就奖，世界赛上获得了主裁特殊认可奖。

三、赛队课程的管理与实施

市西中学一直冲在科技教育的最前线，积极参与各类中学生科技比赛，鼓励学生发展特长，在比赛中学习，在比赛中成长。至今，市西中学参加了许许多多不同类别的科技赛事，如头脑奥林匹克、世界机器人大赛、FLL/FTC/FRC 机器人大赛、F1 在学校、未来城市设计大赛等。每一次比赛都有所成长，每一次比赛都有新的沉淀。

赛队课程与普通社团课程不同，是以参加比赛为目的组织而成的学生社团，无论是时间还是精力花费都比普通社团要多很多，市西中学也为赛队成员提供了许多比赛条件，比如使用专用教室的权限，提供专业的指导和一部分经费，市西学子也不负众望在各种比赛中屡获佳绩。

不同类型的科技比赛、大量的参赛经验使得学校拥有成熟的赛队课程管理体制，好的体制能够激发出学生的兴趣和潜力，能够将学校资源利用率最大化，能够形成教学相长的良性循环。在学校领导、教师和学生的共同努力下，构建满足"全面而有个性的发展"的教学环境，更体现了市西"选择形成责任，规则造就品德"的育人理念。

1. 赛队人员

科技比赛是非常受学生欢迎的一类学生竞赛，其经历和成绩可以帮助学生在高考或者出国深造方面取得很大的优势。然而科技比赛需要付出的时间精力却是普通学生难以承受的，在学生报名的时候，需要进行各方面的考核，在经过一定的心理建设后才被允许入队，虽然也有中途退赛的学生，但大部分坚持下来的学生都能从中收获宝贵的人生经历。

赛队成员一般从新生和老社团成员中挑选，例如暑假的新生夏令营、军训期间，学校都会安排新生参观创新实验室，并让高年级学生带领新生动手操作，提前让学生感受社团氛围，并从中挑选有兴趣和资质的学生报名参加，当然赛队成员也需要层层筛选后才能参加比赛。赛队还会从一些相关社团中挑选有经验的成员，如 F1 需要美工、建模等，就会从艺术社团、静态模型社团挖人，这样也有利于不同兴趣爱好的学生相互交流学习。

在确定入队前，学生还需要过的最重要的一关是自己的心理关，我们会询问学生是否能够承受比赛带来的各种压力，比如时间管理问题、学习成绩问题、父母是否支持等。往往打败一个人的并不是比赛本身的压力，而是自己的不坚定。因此在入队前学生做了长时间的心理建设，才能允许入队，也正是有这种不服输的心理素质，往往能在最后的比赛中脱颖而出。

2. 赛队管理

与普通社团课程不同，赛队在报名参赛之后，由于报名时已确定了参赛成员，基本就没有招新之类的工作了。由于赛队成员有比赛压力，除了要完成正常的课堂学业之外，其余的所有社团课、研拓课、自修课都可以申请去专用教室进行赛事准备。

寒暑假是备赛的关键时刻，学校在寒暑假也对赛队成员开放，可以随时进出校园。有的参赛学生过于专注，整个寒假只有过年的一两天回家吃晚饭，其余均泡在专用教室里。指导教师也以校为家，陪着学生们备赛，为他们打下手。

为了帮助学生备赛，学校还为赛队提供各种资源，如拍摄视频时的无人机，3D 打印机，联系校外资源，用更好的数控机床帮助学生建模等，体现了学校培养学生"全面而有个性的发展"的教育理念。

【案例 4.3】机器人赛队管理

市西中学在机器人教学领域，有着一定的基础和经验。从 1999 年开始，市西中学就着手建立了机器人实验室。那个时候机器人在中国还不是很普及。可以说 1999 年，正是机器人踏入中国教学领域的第一年。随之而来的各种机器人赛事，市西中学也积极参与，为国家培养了一批又一批具有现代视野的科技人才。学校的王纪华老师是机器人教育的元老级人物，在机器人教育方面有着非常丰富的经验。

在机器人课程教学的过程中，招生是一个非常重要的环节，如果这个环节没有把好关的话，教学的优质体验是很难落实的。如果只是作为科普性质的课程，那么报名参加的要求就非常简单，只要有兴趣就可以来体验。但是这种体验不可能是深入的，而是浅层表面的，也就是基于兴趣的基础上设定的课程。如果招募是以竞赛作为目标的，那么团队选择的就是真心爱好机器人学科的发烧友了。学生在尚未入队，不了解团队到底要做什么的时候，王纪华老师会提前告诉学生会遇到的困难。比如他们可能需要花一百个小时整理器材，是否能坚持下去？机器人团队活动势必会占用他们的课余时间，有可能会影响他们的考试成绩，父母是否会心疼他们等问题。王纪华老师会在谈话后给学生一周的时间认真考虑，并和家长充分探讨他们将来要成为什么样的人。这些重重阻碍如果对他们来说都不成问题的话，那么他们已经过了心理关，这也是团队凝聚力的核心所在。

过了心理关以后，就是不断地和他们接触，深入了解他们内心真正所想的是什么：有些孩子是为了提前出国深造，有些孩子是立志要报效祖国，有些孩子是为了挑战自己。对于不同的孩子有不同的定位：想要出国深造的，要尽量提供高等级比赛的机会；想要报效祖国的，就要着重培养其专业能力；对想要挑战自己的，应给予适当压力，挖掘自己的潜力，使每个人都能找到自己的施展舞台。

国内的各种选拔赛每次都要备赛三到四个月，学生要学会如何用机器人技巧来完成场地上的各种任务、怎样去排版印刷、怎样去展示团队。在四个月的时间内，他们要学会的东西太多，而他们的收获也是很多的。在团队中，有的同学是从零基础开始的，他们之前从来没有接触过这个领域的任何技能。但是只要有恒心，他们真的在一个学年中就获得了非常多的成绩，很快地成长了起来，比如3D建模，PS平面设计，会声会影后期制作，AI矢量设计，工业手绘制图，PID工业算法，ROBOC软件编写，演讲技巧，队服设计，造型设计，人物化妆，金属加工，单片机控制，包装设计，摄影技巧，摄像技巧，布光技巧，录音技巧，后期配音技巧，展示技巧，搭建技巧，打包技巧，运输技巧等多项技能。

2011年，市西中学参加了世界机器人大赛中国赛区的选拔赛，一举获得场地赛和创意赛的双料冠军，并且在2011年阿布扎比举行的世界机器人奥林匹克赛决赛中，获得了创意组的世界冠军。之后两年，学校都在全国竞赛中获得了各种奖项，特别是全国选拔赛几乎次次榜上有名。在 2014 年，团队成绩又达到了新的高峰，在 FTC 机器人挑战赛亚太锦标赛上第一次获得联盟冠军，在泰安举行的世界机器人奥林匹克赛场地赛上获得了一等奖，创意赛又包揽了冠亚军。这一次又一次的成功，也证实了赛队管理和教学策略的正确性。

赛队课程的管理看似放养的模式其实蕴含着教育的智慧。在紧张的比赛压力下，放养能给学生更多的锻炼机会，依托比赛的平台，让学生自己从各个环节的训练中迅速成长。学校给这些学生足够的时间和空间，正体现了"因材施教"的教学模式，让每个学生自主学习，激励学生在不同方面、不同活动中成长与发展。在未来，市西中学将会更加积极投入这类比赛中，并将这种优良学风继续传承下去。

第五章

引源——科技教育与项目式学习

第一节　PBL 教学

PBL（Problem-based Learning）教学法是一套设计学习情境的问题式学习或者项目式学习的教学方法，是基于现实世界的以学生为中心的教育方式。

PBL 的早期研究者认为，PBL 是一种指导方式，它让学生学会如何学习、如何进行小组合作，旨在为解决现实生活中的真实问题寻找解决方案。学生通过使用 PBL 可以用批判的眼光看待和分析问题，学会、发现和使用适当的学习资源。

PBL 教学最早起源于 20 世纪 50 年代的西方医学教育，它的提出是基于"人类与社会、医学专业及其社会功能、教育"的基本愿景，由美国神经病学教授巴罗斯于 1969 年在加拿大麦克马斯特大学创立。加拿大麦克马斯特大学医学院建院之初就采用全新的课程体系，在具体案例的情境下倡导系统观与人文观，并获得了满意的成效，在国际医学教育中被广泛接受采纳。北京大学医学部、中国医科大学、大连医科大学等诸多医科院校已经开展了 10 余年的 PBL 教学实践。PBL 的教学方法后来还扩展到包括教育学院、商学院、工程学院等的教学改革中，已成为国际上较为流行的教学方法。

20 世纪 90 年代中期，研究者研究表明 PBL 是一种教学策略，它是面对学生相关知识不足的情况下，试图解决问题的一种策略。PBL 也是一种教导方式。在这种教导方式中，学生通过解决促进他们发展的问题进行学习，而这些问题都是围绕真实复杂的情境展开的，学生在用 PBL 的方法后并不是得到一个简单的、正确的答案，而是呈现一个解决问题的过程和成果。

进入 21 世纪后，研究者进一步认识到，PBL 是一种"围绕真实问题情境组织课程与教学的教育途径"，学习者在教师的指导下，通过判断问题、分析数据、采取行动和问题解决的过程，锻炼自身解决问题的能力和协助的技能等。研究者强调 PBL 是一种学习刺激，这种学习刺激通过让学生实践解决问题，使学生接受新的思想和打开学生的眼界。在这个过程中，学生学会识别问题和解决问题，从而使他们成为主动学习者和问题解决者。

PBL 作为一门课程，为了满足学生学习的需要，它是由精心挑选和设计的问题贯通而成。学生在经历 PBL 的过程中需要自主学习和团队协作，最终达到熟练解决问题的目的。PBL 作为一个过程，通过让学习者练习一整套解决问题或迎接挑战的方法来获得解决问题的经验，用以处理他们在实际生活中碰到的现实问题。

一、PBL 教学的诠释

PBL 的创始人 Barrows 认为，如果将 PBL 理解为教学模式，PBL 教学模式将具有这样的特征：

1. PBL 是一种以学习者为中心的教学方式

学生是学习的主体，具有自主性和积极性。在 PBL 中学生是问题的解决者和意义的建构者，因此必须赋予学生对自己学习和教育的责任，培养他们独立自主的精神。教师在 PBL 中的任务仅仅是提供学习材料，引导学生进行学习，监控整个学习过程，使计划顺利地进行。

2. PBL 是基于真实情境的问题

在 PBL 中的学习是基于散乱、复杂的问题的，但这些问题却是非常接近现实世界或真实情境。在 PBL 教学中提出的问题必须对学生存在一定的挑战性，才可以起到激发学生有效解决问题的技能和高级思维能力。只有这样才能确保在将来的工作和学习中，学生的能力可以有效地迁移到实际问题的解决中去。

3. PBL 是以"问题"为核心的高水平的学习

问题可以分为结构良好的问题和结构不良的问题。结构良好的问题的解决过程和答案都是稳定的，结构不良的问题则往往没有规则和稳定性。PBL 中的问题是属于结构不良领域的问题，不能简单地套用原来的解决方法，要面对新问题，在原有经验的基础上分析、解决问题。这个过程要求学生把握概念之间的复杂联系，并广泛灵活地应用到具体的问题情境中去。

而 20 世纪 90 年代研究者更强调 PBL 教学模式应以真实世界的问题为起点，围绕问题组织教学，而不是像传统教学模式那样组织学科知识体系组织教学，学生以学习小组为单位进行学习，大部分的学习发生在小组中而不是传统的教师演讲式的学习情境中。

进入 21 世纪研究者的研究表明 PBL 教学是以学习者为中心、以教师为促进者、以解决问题为基础的，帮助学生获得知识和技能的教学模式。传统教学模式关注教师做了什么而不是学生做了什么，采用 PBL 教学模式进行教学的区别就在于学生是学习的主体，对学习具有主动权。此外，研究者强调 PBL 教学模式是一种以问题作为学习刺激，以知识创建作为学习过程，以对认知的作用作为学习影响，具有鲜明时代特征的教学模式。

有研究还表明，PBL 教学模式是一种以实际问题作为激发学生学习动力和引导学生把握学习内容的教学模式，是指在学习过程中以问题情境为基础，以学生小组讨论为中心的教学模式。PBL 教学模式是倡导学生通过自学、研究、讨论和小组合作解决问题，培养学生自主学习能力，发展学生综合思考能力的新型教学模式。

近年来，一些研究者强调 PBL 教学模式是一种将学习"抛锚"于现实情境之中，以学生为主体，用信息加工的方法，引导学生通过问题表征构建知识的教学模式。在这种教学模式中学生从真实问题形成的有意义的背景中行动，利用不同信息资源构建有关现实世界的新知识。

还有研究表明，PBL 教学模式通过让学生以小组形式解决现实生活中的真实问题为途径，从而让学生在解决问题的过程中培养解决问题的能力和知识构建的能力。由于学生在实际解决问题的过程中必然可以提高解决问题的能力和构建新知识的能力，是适应 21 世纪新型人才需要的一种教学模式。

二、PBL 教学的意义

PBL 教学以实际社会问题为背景，采用小组合作和教师推进的教学形式，重视和体现学生的主体作用，主张从实践和经验中学习，显著提高了学生学习的主动性，训练学生专业技能和自学能力，培养批判性思维、创造性思维和社会协作能力。

在 PBL 教学过程中，教师从传统的主导角色转换为学习促进者，其主要学习过程是学生成立学习小组，针对案例自主提出问题，自我思考专业实践问题，集体探讨分析并努力提出解决方案，从而达到学习的目的。在传统的 LBL（Lecture-based learning）教学中，教师是整个课堂的主体，以讲课为中心，大班授课，学生被动接受知识。由于目前教育资源有限，LBL 教学模式仍占主导地位，但是课本知识更新速度相对滞后，以教材为主导的 LBL 教学模式已经不能满足当前学生的学习需要。PBL 教学无疑成了一种具有一定优越性的教学模式。

PBL 教学模式的实行在一定的程度上弥补了 LBL 教学模式的不足，能够显著提高学生的综合素质。同时，PBL 教学模式相比 LBL 教学模式，对学生和教师都提出了更高的要求。

1. PBL 教学对学生的要求

在 PBL 的学习中，对学生主要提出了以下五点要求：

（1）学生是学习的主体，师生地位平等

PBL 是以学生为中心的教学方法，在基于问题的学习中，学生们是从开放性的问题入手开始学习的，教师对这些问题也没有现成的、唯一的标准答案，而且查询资料、动手做事的活动也是学生自己可以胜任的，因此学生与教师站在同等的位置上，学生不必一定听从老师的指示和解答。

（2）学生主动获取知识并自我建构

在 PBL 教学中，学生获取知识的途径是学生们在解决问题的过程中，即通过查询资料、动手做事、相互讨论以及自我反思而获得知识、理解知识，不是从教师或者书本直接获取。而且在这个过程中，知识的意义和价值依赖于他们自己所建构的知识之间的一致性，依赖于解决问题的成效，而不是依赖于权威观点之间的一致性。这就意味着学生们所需要的知识不完全来自教师和课本，学生对教师的依赖性大大减小，教师不再是唯一的知识库，而是知识建构的促进者，对学生起点拨和引导的作用。

（3）学生具有自主性和积极性

在项目式学习的过程中，学生获得知识主要靠自己，这自然而然地会使他们感到学习知识是自己的事，要对自己的学习负责，因此学生必须发挥自己的自主性、主动性和独创性，学生需要主动构建自己的知识，不断反思以及批判性地思考。否则学生将会一无所获，甚至还不如在传统的讲授教学中的效果。

（4）学生群体具有社会性

在 PBL 教学中学生不仅要发挥各自的主体性，而且要充分发挥小组的社会性。学生作为一个学习共同体，共同承担责任和任务，在这里，小组内的合作具有实质性的作用，学生不再像以往那样只重视自己与教师的交流而不重视与同学的交流。因此学习不再只是自己一个人的事，而是大家的事。

（5）学生具有自主学习的能力

在项目式学习过程中，贯穿学习过程始终的问题解决活动是促使学生持续付出努力的最佳途径。这也正是学习的动力所在。

因此对于学生来说，对比 LBL 教学中的大课堂模式，教师处于主导地位，能够准确连贯地对所传授的知识和内容进行讲解，做到深入浅出、重点突出。但是这种"灌输式"的教学方式容易使学生在课堂上分散注意力，降低学习积极性，不利于学生提出、分析、解决问题等自主学习能力的培养。而在 PBL 教学中，课堂以学生为中心，课前需要学生充分准备，针对提出的问题，学生积极配合，花费时间和精力查阅资料，与同学主动交流，小组讨论，做好充分的准备。课堂上需要学生具备活跃的思维，对即时问题能够主动思考、积极辩证，牵引相关问题并能寻找答案。课后需要学生及时归纳概括、巩固。整个学习过程对学生的主动学习能力有很大的促进作用。

2. PBL 教学对教师的要求

在 PBL 教学中，虽然学生是学习的主体，但是也不可以忽视教师的引导作用。教师能否正确运用促进性的教学技能，对 PBL 的教学成果有决定性的作用。因此，在 PBL 教学中也对教师提出了如下要求：

（1）引导作用

教师在 PBL 教学中的主要作用为引导作用，包括提供反馈，就学生的推理过程进行提问和启发，鼓励他们对信息进行批判性评价，帮助学生在问题讨论中协调、整合基本知识与实际技能等。

（2）支持小组成员间的互动

鼓励学生对学习过程的控制调节，建立良好的小组成员关系。教师要引导学生逐步走过 PBL 的各个环节，监督小组活动，以确保所有的学生都参与到活动中，要鼓励学生说出他们的思维过程，并鼓励他们相互评论。教师要起到示范作用和教练作用。教师通过提出能启发学生深层思考的问题，来示范高水平的思维技能，比如：教师作为促进者，总是问"为什么？""你是怎么理解的？""你是怎么做出判断的？"来广泛了解大家对问题的理解，看小组内的理解是否一致，以此来示范批判性思维。另外还要示范如何对自己的推理和理解技能进行自我评价的技能。

但是在这个过程中，教师一般不直接向学生表达自己的观点或提供有关的信息，尽量不利用自己关于这一内容的知识去问一些能把学生"引到"正确答案上的问题。相反他们经常提问的是问题解决过程中的计划、监督、控制和评价活动，而不涉及具体领域的知识，比如："在这时他们应该问什么问题？""你还需要弄清楚什么？""怎样才能弄清楚这个问题？"等。

在小组活动的开始，教师需要更多地发挥支持作用，而随着活动的进行，则会慢慢地隐退，更多地让位于学生的独立探索。一个好的促进者不会限制学生对各种可能的未知领域的探索，但他会精心地把学生引导到问题空间的关键侧面，从而更好地利用问题所提供的学习机会。

虽然 PBL 教学过程中教师作为引导者的身份不是课堂的中心，但课堂对教师的教学技巧和自身素质却提出了更高的要求。教师不仅要熟练掌握本专业的课程内容，更要熟悉相关学科的知识，还要有较强的实践能力、组织能力和应变能力。此外，在整个教学过程中，要对学生有充分的了解，做到学生分组均衡化，选择合理案例，从而既能调动学生的积极性，又能控制课堂节奏。如果教师对 PBL 的理解不到位，对学生的学习能力缺少信心，会对问题的选择与设计、教学资源的准备多加干涉，在讨论环节扮演知识的填充者角色，最终则难以达到 PBL 教学的应用要求和实施效果。

三、PBL 的教学案例

在 PBL 教学中，他们所采用的问题需要能引出所学领域相关的概念、原理。在设计问题时，首先要确定学生需要获得的基本概念和原理，由此出发设计要解决的问题。

问题本身应该是结构不良的、开放的、真实的，并且问题应该具有足够的复杂性，包含许多相互联系的部分，而每部分又都是很重要的。学生在解决问题的过程中来掌握概念、原理和策略，可以促进学习在新问题中的迁移。除此之外，先前学习的实例可以应用到与此类似的问题中解决。

【案例 5.1】热的本质研究

中学阶段，学生对热的相关概念：温度、内能、热量、热传递方式、能量守恒等都不陌生。但是在一节复习课时，一位学生突然提出了"热是什么"的话题，顿时引发了学生的讨论。课后图书馆有关热的书籍被学生一借而光，部分学生也开始向家长和他人请教。待到再次课堂讨论时，各小组引经据典阐述了他们的研究。

学生的研究涵盖了 17 世纪，如培根、波义耳、虎克和牛顿等"热是物体微粒机械运动"的观点；18 世纪布莱克等人在热流体模型基础上的"热质说"观点；1798 年伦福德伯爵加工炮筒和 1799 年戴维的冰相互摩擦实验得出的"热是一种运动"的观点；还有根据热可以辐射的"热是波"的观点，以及从焦耳实验出发，认为"热是能量的一种形式"的观点等，最终聚焦到了"热是物质运动的一种表现形式"观点的共识。特别是对于每一种观点的否定，都做了较为详细的说明，为学生最终的共识打下了基础。

PBL 教学为这个不同实验、不同条件、不同理论、不同结论的问题，提供了应用分析、判断方式解决问题的实践。

【案例 5.2】两个学生电路设计

电磁开关的原理学习后，PBL 教学提出了完成应用电路设计的任务。学生通过自主查询相关资料，从图 5-1-1、图 5-1-2 开始，了解了单刀单掷和单刀双掷开关的功能，并提出如果将图 5-1-1 的双掷点与图 5-1-2 中双电路合并，就可以形成双刀双掷开关的观点。在这个基础上，水位上涨报警器的设计图 5-1-3 出现了，电动机驱动电路设计图 5-1-4 出现了，甚至抢答器电路的设计图 5-2 也出现了。

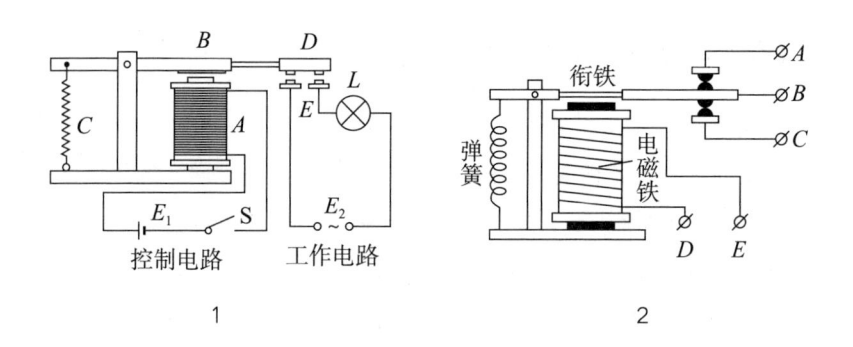

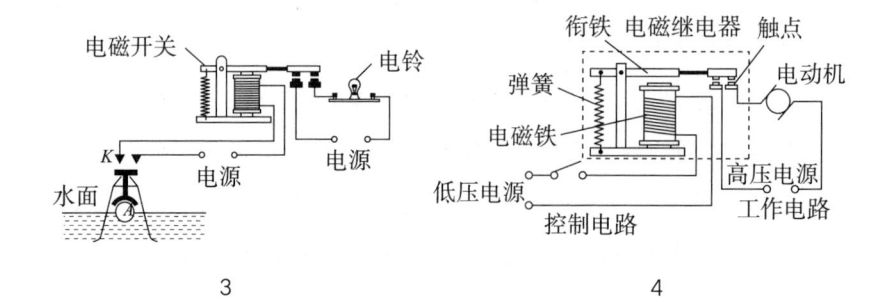

图 5-1

在抢答器设计图 5-2 中，利用了两个图 5-1-2 中的电磁开关。电路没有动作时，两对掷点 A、B 都接通并由 B 点供电。假设一号选手按下 k_1 开关，左侧电磁铁 A、B 掷点断开，切断了右侧电磁铁通路，二号选手操作开关 k_2 就将失效。同时左侧电磁铁由于 B、C 掷点接通，L_1 灯亮起，输出一号选手的信号。

按照这样的结构，又可以甄别三号、四号选手的抢答信号。将四位选手中的两组信号再输入如图 5-2 所示的结构中，取消 k_1、k_2 开关（由两组输入信号替代），就完成了最终四人抢答信号的识别。

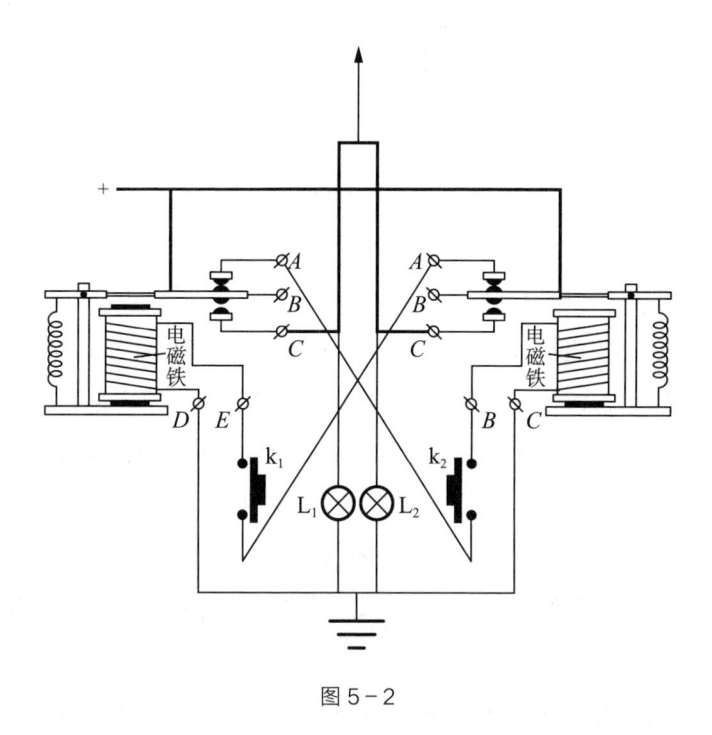

图 5-2

当然，如果是四人以上的抢答器，对于指示灯还要重新设计。

第二个学生 PBL 项目，是光电效应学习后利用光电管进行的应用电路设计。学生利用光电门测量速度的已有实验原理和经验，通过资料查询，设计了红外报警电路和光电计数器。又根据图 5-1-4 驱动电机的设计,将光电管、电源与图中的低压电路相连接。当出现光照时,电机运转就可以启动窗帘或让小狗前行。而最令人赞叹的则是"光电复印"设计。按学生的设想,用数十个乃至数百个微型光电管铺在一个平面上,当平行光照射时,没有字体遮挡处,光电管可以接收到光线,有字体遮挡处光电管无信号,从而使光电信号与字体形成了对应关系,就可以进行制版和复印了。当然对于"光电复印"设计,还有许多需要进一步细化的内容,但是 PBL 教学确实让学生体会了生活问题(劣构问题)的解决方法。

对劣构问题的解决,特别是物理劣构问题的解决,不仅要有清晰的分析、评价的操作思路和过程,还要注重怎样分析、怎样评价的具体方法,这就要加强对于科学思维方法的学习和实践。《普通高中物理课程标准(2017 年版)》的课程性质认为,物理学是学生通过自己的观察与动手实验,运用原有认知结构建立新模型,最后通过自己的研究得出结论的科学。同时《普通高中物理课程标准(2017 年版)》和《普通高中物理课程标准(2017 年版)解读》进一步对物理核心素养背景下四个方面的教学建议和基本理念做了解读,强调通过问题解决促进物理学科核心素养的达成,并要在教学过程中重视学生生活经验的调动和学生熟悉的生活情境的创设,这与 PBL 教学模式的教学目标是相一致的,因此在教学中教师应该重视 PBL 教学模式,并有意识地将其应用到教学中。

PBL 教学模式在培养学生的学习积极性、创新思维,提高分析、解决问题能力和团队协作能力等方面具有明显优势,值得在我国教学中进一步推广。但是,相比西方教育,PBL 教学模式在目前的国内环境下的推广尚存在许多困难。

首先是教学资源方面的困难。实施 PBL 需要相应的教学软硬件的保障，除了小组化教室、多媒体、白板、圆座椅等教学所必需的设备器具外，还需要充足的图书资源及大量的文献数据库，方便学生随时查阅获得最新的专业知识。国内现行教材普遍采用国家规划系列教材，编排体系一直适用于 LBL 教学体系。一旦采用了 PBL 教学，就是在模块知识整合基础上，脱离传统的书本和知识，这也会弱化学生的学科学习，将会面临学习不成体系、学科知识网无法搭建，进而导致学生基础理论知识薄弱的问题。

其次是学生和教师方面的问题。目前大多数学校的学生前期接受的 LBL 式的教学，学生相对比较依赖教师。学习模式向 PBL 的整体转变，也就意味着学生的学习要从被动变为主动，面临较大挑战，起始阶段学生需要时间转变和适应。而我国 PBL 教学起步较晚，授课教师接触 PBL 的时间不长，课程经验相对匮乏，需要不断地培训深造以适应 PBL 教学模式的要求，但国内开展 PBL 师资培训还处于初级阶段，培训力量和条件仍然需要进一步加强。

PBL 教学法是以学生为主体，对培养学生的创造性思维、综合分析能力和自主学习能力以及学生的团队协作精神和职业素养等方面都具有积极的推动作用。尽管目前还面临着诸多问题和挑战，但随着国内高等院校对 PBL 认识的深化，相信经过一段时间的发展，PBL 一定会运行得越来越成熟，适合中国国情的 PBL 教学模式将会成为我国培养高素质人才的有效途径。

第二节　STEM 教学

一、STEM 教学的诠释

STEM 是科学、技术、工程、数学四门学科英文首字母的缩写，其中科学在于认识世界、解释自然界的客观规律；技术和工程则是在尊重自然规律的基础上改造世界、实现与自然界的和谐共处、解决社会发展过程中遇到的难题；数学则作为技术与工程学科的基础工具。

STEM 课程重点是加强对学生四个方面的教育：一是科学素养，即运用科学知识（如物理、化学、生物科学和地球空间科学）理解自然界并参与影响自然界的过程；二是技术素养，也就是使用、管理、理解和评价技术的能力；三是工程素养，即对技术工程设计与开发过程的理解；四是数学素养，也就是学生发现、表达、解释和解决多种情境下的数学问题的能力。①

STEM 是美国式综合教育新概念，为了培养综合性人才，将科学、技术、工程和数学学科等进行综合式教育。学生通过教育，把 4 种不同学科的内容与实际生活相结合，在解决技术和工学相关的问题中把学科内容进行融会贯通。

二、STEM 教学的意义

1. 提升跨学科综合学习的能力

头脑奥林匹克长期题是综合题，需要灵活运用各个学科的知识，因此需要参赛队员跨学科综合学习。回答语言题，学生至少要用到语文知识进行表达，用美术知识营造画面感，用科学知识提供理论依据，用数学知识对分值进行计算。②

在带领头脑奥林匹克比赛的这段时间，我深刻理解到 STEM 教学对带队的成绩的好坏起着重要的影响。作品的效果不单单是一个或某个学科所能影响的，而是需要学生拥有综合能力，用不同的能力获得更优的

---

① 摘自 STEM 百度百科网址 https://baike.baidu.com/item/stem/2641759?fr=aladdin。
② 陈伟新、叶品等：《让每个学生创意翱翔》，上海：上海教育出版社，2017 年。

解法。

同时从案例里的解析中可以发现,头脑奥林匹克已经把科学技术工程教学很好地结合在一起,另外还融合了艺术,要求学生进行相关的小品表演。

2. 创新解决难题的能力

在学业繁忙的今天,学生很少有时间、精力、机会获得解难题的机会,STEM 教学则提供这样的舞台。在实际解题中锻炼自己,做好面对未来,解决难题的准备。

STEM 教学不同于一般的智力竞赛,它要求解决的问题都留有很大的余地和空间,让学生自己去创造发挥,除了前面提到的能力以外,21世纪还需要培养学生的沟通能力、批判性思维、责任感及适应性、项目与时间管理、调研与展示技巧、自主与信息化学习等能力。这些对学生而言都是极为重要的能力。[1]

3. 提问比解答问题更重要

质疑和提问是批判性思维的雏形和基础。提问对学生而言是非常熟悉的,上课时教师可以通过提问来传授知识,下课后学生可以通过提问来反馈并巩固学得的知识,可是有些学生却不了解提问的重要性,往往不敢提问。

学会提问比解答问题更重要。任何发明创造都是从产生问题开始的。"学贵有疑",有疑才有思,有思才有问,有问才有悟。爱因斯坦说过:"提出一个问题比解决一个问题更为重要,因为解决问题往往是数学或实践上的技能而已,而提出新的问题,新的可能性,从新的角度看问题,却需要创造性和想象力。"现代心理学表明激发学生产生疑问,能使大脑由抑制转为兴奋,使学生把知识的学习作为一种"自我需要"。

---

[1] 陈伟新、叶品等:《让每个学生创意翱翔》,上海:上海教育出版社,2017 年。

STEM 教学注重引导学生学会思考，学会提问，把培养学生的提问能力作为一个重要方面来培养。提问的权利不在教师手中，学生可以从提供的各种材料中，从各个角度进行思考。然后向教师提问、向学生提问。在解题时要求学生不断提问，从问题的要求是什么问到如何解题再到如何创造性解题。在整个过程中问题的质量与层次在不断提高，学生在问的同时也在不断成长与收获。[①]

【案例 5.3】STEM 教学：头脑奥林匹克小车题

我记得在 2014 年的时候，头脑奥林匹克长期题出过一道小车题目是"驾驶员测试"。它要求参赛队设计并制造一辆小车，驾驶员能够驾驶小车完成任务，并通过测试。这辆小车有两个动力系统，一个动力系统控制小车前进；另一个动力系统，控制小车倒退。这辆小车还需要装一个转向信号灯和一个用来对话的 GPS。参赛队要制作一个包含小车、驾驶员、测试、GPS 的作品。

当我拿到这道题目的时候，我先召集了 7 位学生。其中 3 位男同学是高二的老队员，另 4 位同学是高一的新队员。先给所有 7 位学生分好工，让他们知道自己擅长的地方和不擅长的地方。并让其中一位高二同学担任了队长一职，一位高一同学担任了副队长一职。这样一个初步的队伍架构建立了。

当时做这道题的时候，我们需要一个车的基本框架。同学们从家里带来了已经废弃的一部老年代步车。我们对这个车进行了改装。老年代步车原本的动力系统可以满足赛题的要求，它原本就有前进和倒退系统。同时对原车的电源和电池系统进行了相应改造。原车电力系统使用的铅酸电池，已经破旧不堪，不能正常使用。所以我们向物理实验室借

---

① 陈伟新、叶品等：《让每个学生创意翱翔》，上海：上海教育出版社，2017 年。

来了锂电池，用锂电池组进替换，增加这辆车的动力同时提高安全性。

赛题还有一个要求，就是横向行驶。这个横向行驶不是转弯，而是要直接90度进行移动。大家都知道车是不可能横向行驶的，这样就违背了车的轮胎的行驶轨迹。同学们开始想办法，如何让车进行横向移动？这个时候所有同学各抒己见，有同学提出可以使用两套动力系统，一套动力系统负责前进和后退，另一套动力系统则负责横向行驶。这个时候队长提出了另一个新的想法，先把车抬起来，把轮子转90度，然后再把车放下然后使用动力系统前进。

接下来我们就开始讨论这两套方案中较为可行的一个方案，第1个方案中的系统非常复杂，可能这辆车的底盘将不再仅仅是4个轮胎，而是要达到8个甚至10个以上的轮胎才能达成这个方案。同时这个方案还有一个致命问题，轴承的选择，它的轮胎包括轴承如何进行配对，也是设计上一个需要解决的重大问题。我们开始考虑使用第2个方案来解决这个问题。但如何把车抬起来是个在我们面前迫切需要解决的问题，这道题目是一辆大车体，车上还有驾驶员。那么把车抬起来的力量，需要能抬动车和驾驶员的重量。同时车是不可能用人力抬起来的，这样就违背了这道题目的要求。同时还有一个问题就是车的轮胎无法转向90度。那么如何修改前车轮胎包括车的转向也是放在我们面前的一个重要问题。当时的想法是要么改造原车的操纵杆，要么就是再制作一个新的操纵杆。但对于大部分的同学来说，这两个都是非常难处理的问题。因为金工制作并不是每个高中学生能够精通的技能，同时也没有相应的工具和机床来完成改造。

面对这些困难时，经过与学生的讨论后，我们的初步设想是先搭建一个小的模型来尝试如何通过模型来解决相应的问题，同时也可以知道这两个方案中哪个方案更适合我们。在搭好模型以后发现第1个方案并不可行。原本采用的是前两轮可以进行180度转弯，后两轮则不进行任何改变，其他的再做 4 个轮子来用于横向移动，但事实证明底盘没有这么大。要是修改扩大底盘会造成整车的大小超出题目所规定的要求，还会使整车重量加重；要是不扩大底盘，则在转向时轮胎之间可能会互相影响，同时设计过于复杂，制作过于困难。学生在讨论后放弃了第 1 个方案。学生们又想到用工程塑料或者木材结构搭建车辆的框架，并用液压杆进行支撑。模型搭得非常顺利。准备 1∶1 放大时，在制作过程中发生了一些问题，塑料和木材并不如大家想象中的那么坚固。当体积还小的时候，塑料的坚硬程度和木材的韧性都是能承受的，但是一旦做到一米甚至两米以上的距离的时候，塑料在长时间的支撑下会发生破裂，而木材则会发生凹陷。同时因为塑料和木材搭建的结构不易拆卸，无法再次搭配，可能拆开以后就再也拼不起来了。这对于需要前往郊区比赛的我们来说，麻烦非常大，如整车运送会造成运输困难，但拆开后零部件如何搭起来，这些问题都是影响大家继续的动力，所以大家又陷入了沉思。

这个时候我建议他们采用一些现代工程流行制作的方法，先用 3D 软件搭建一个车的三维立体的模型，然后把实际的一些数值输入电脑里，最后形成带有参数的工程图，再用具体数值的工程图进行网上采购铝合金钢材。这样既可以避免浪费材料，又可以一次性完成，省力且高效。我还指导他们如何选择相应的铝合金框架，如何用铝合金框架搭成各种形状，并简单指导了 3D 软件的使用方法。同学们重新分配好任务，开始学习起了各项能力。

我们最后通过 3D 软件定制了车的框架，用铝合金钢架搭建一个足够强硬的车的外体框架和底部框架。另外车的底部也需要进行加固，因为液压杆升起的同时，假如底部不够坚固的话，车的本体可能会被损坏。在铝合金钢架的选材上，我们用了 4040 铝合金钢材和 2020 铝合金钢材交替使用，保证了坚固程度，也尽量减轻车的本体重量，同时我们选了队内体重最轻一位同学上车控制。

我们对车的前轮和操控杆进行了相应的改造，原有的操控杆不能进行大幅度的转向，无法转向 90 度。我们把前车的轮胎跟操控杆原有的连接处大小记录下来并对此进行修改，又用 3D 软件重新设计并请到相应的老师进行辅导，最后使用 3D 打印机打印。经过几次的失败后，在相关老师的帮助和指导下，终于成功打印出一批零件。经过测试和调试，打印出一些必须要的零部件替换了原有的零部件，使之可以转向，达到我们的要求，成功完成了前车操控杆和轮胎连接处的相应改造。

在装配液压杆的时候出现了一些小小的问题，但我们通过之前留下的工程图数据，及时进行了修改，虽然有一些小小的误差，但我们努力成功克服了这个问题。就这样，我们带着这辆车出去比赛，在比赛中队员发挥得非常优秀，征服了全场。最终我们这道题目在头脑奥林匹克比赛的赛场上获得了高中组全国第 2 名的好成绩。

这道题目充分诠释了与 STEM 教学的完美结合：用数学计算出最适合这辆老年代步车框架的大小，用工程学来确立搭建这辆车的外壳最牢固的方法，用金工技术来完成这辆车的最基本的搭建，用科学的方法（3D 建模和打印）来完成整个作品。具体如下：

科学：每个队员需理解每种材料的性质，并能使用材料来制作小车，能用不同的动力系统进行切换，理解简单的机械、杠杆、动能、惯性和摩擦力，理解小车承重设计上的结构和材料。在案例中让学生知道了塑料、木材和铝合金钢材的性质，并能正确使用不同的材料来制作小车。如何用不同的动力系统进行切换，在电工和精工项目上，让学生有了动手自己做的机会，也有机会和其他同学一起完成。并在此过程中把一些物理的常用知识应用到了技术上面，让学生对物理的知识点更加理解并融会贯通。

技术：用科学方法加强学习，提高制作能力和创造力。在设计小车寻找更好的操控方式的过程中，运用液压杆系统，把小车整体抬起，并配合原车上的动力系统进行平移。队员们还对车的前轮和操控杆进行了相应的改造，匹配题目的要求。一项好技术可以节约很多的时间，在初期我们用了"笨办法"，先做小的模型，然后1∶1放大，我们最后发现这个方法真是费功夫、费时间、费材料。在后期我们用了新的技术，用3D建模软件和3D打印机制作车辆。这样既节省了设计和制造过程的时间，同时用软件来完成设计，还方便后期在组装中查看问题所在。所以说好的技术是决定一个项目是否能按时完成的重要标准。

工程：在解题过程中产生问题，并解决各种问题。由学生讨论后，制订哪个方案更具有可行性。同时采用制作3D模型的方法，来解决整车搭建以及钢结构框架加固底部的问题。同时通过学生的提问，老师的回答，还有同学在网上查找答案，从而得到最佳的方案。队长和队员通过交流，完成了这道赛题。同时队长也要安排好每个同学在整个工程项目里的定位，完成自己应该完成的相应工作。

数学：制作几何模型，利用测量计算的能力、三维图形的设计，做整体经费预算和空间限制，在原有车的体积上，进行了完美的搭配。在3D建模时，精确的计算非常重要。建模初期因为一位同学的计算失误造成了液压杆安装上的问题，通过后面大家一起努力解决了这个问题，这个过程让所有的同学认识到数学在工程项目中的重要性。在制作过程中不能出现错误，在计算后一定要重新检查答案是否正确，在整体搭配时一定要仔细推算所有的数值是否能够正确匹配。

教育家陶行知先生曾提出："解放学生的头脑、双手、眼睛、嘴巴、时间和空间，让学生能想能干，能看能说，能自主探索"。冰心先生认为："让孩子像野花一样自然成长、生长"。这些话语揭示了教育的真谛，揭示了学生成长的真谛，教育要遵循人的身心发展规律，要顺其天性，这样的教育才会激发学生的创新思维，有助于学生创造力的形成和发展。①

第三节 头脑风暴教学

一、头脑风暴教学诠释

头脑风暴法（Brain-storming）于20世纪40年代由被誉为创造工程之父的奥斯本在其 *Your Creative Power* 中作为一种开发创造力的技法正式提出。这个用语原指精神病患者头脑中短时间出现的思维紊乱现象，病人会产生大量的胡思乱想。奥斯本借用这个概念来比喻思维高度活跃，打破常规的思维方式而产生大量创造性设想的状况。

后来头脑风暴法被广泛地运用于商业和教育领域。在商业上，头脑风暴法在随后的几十年商业活动中得到了运用与发展，并且在许多需要创造性的领域中得到了拓展。而在教育领域，"英国英特尔未来教育学家"试图通过聚集成员自发提出的观点，以产生一个新观点，使成员之间能够互相帮助，进行合作式学习，并且在学习的过程中，取长补短，集思广益，共同进步，进而产生了一种新的教学法——头脑风暴教学法。其本质是让与会者思维高度活跃，打破常规，产生大量创造性设想，使各种设想在教学活动中相互碰撞激起脑海的创造性"风暴"。

现在我们通常说的"头脑风暴法"，是指将不同专业与背景的人集中到一起，让他们互提设想，互相撞击，求得新创造、新构思的方法。它是一种名副其实的集思广益法，它能使每个参与者在决策的过程中，

---

① 陈伟新、叶品等：《让每个学生创意翱翔》，上海：上海教育出版社，2017年。

思考相互冲击，迸发出火花，做出创造性的问题解决方案。①

在群体决策中，由于群体成员心理相互作用影响，易屈于权威或大多数人意见，形成所谓的"群体思维"。群体思维削弱了群体的批判精神和创造力，损害了决策的质量。为了保证群体决策的创造性，提高决策质量，管理上发展了一系列改善群体决策的方法，头脑风暴法是较为典型的一个。②

教师引导学生就某一课题自由发表意见，对其意见的正确性或准确性教师不进行任何评价。它是一种能在最短的时间里，获得最多的思想和观点的工作方法，被广泛应用于教学、企业管理和科研工作中。在职业教学中，教师和学生可通过头脑风暴法，讨论和收集解决实际问题的建议（也称为建议集合），通过集体讨论得出结论。③

二、"头脑风暴教学法"的实施过程

1. 准备阶段

（1）教师的准备

首先，教师在头脑风暴教学中担任主持人的角色，所以教师不但要熟悉问题，而且必须熟练掌握头脑风暴法的处理程序、方法和技巧。其次，头脑风暴法仅能用来解决一些要求探寻设想的问题，不能用来解决那些需要做出判断的问题。最后，题目确定下来之后，要尽快通知学生，并应提前5—10天将所要讨论的问题发放给学生。

---

① 摘自新浪 blog《采用"头脑风暴教学法"培养学生的创新能力》http://blog.sina.com.cn/s/blog_5e830a5e0100uo4u.html。

② 摘自百度百科 https://baike.baidu.com/item/%E5%A4%B4%E8%84%91%E9%A3%8E%E6%9A%B4%E6%B3%95/858607?fr=aladdin。

③ 摘自 https://www.sohu.com/a/230665184_498200。

（2）学生的准备

学生必须认真研究教师发放的问题资料，并根据问题查找相关资料以供参考，这样才能有高质量的设想。此外要准备好纸和笔，在讨论时及时把想到的设想记下来。

（3）工具的准备

除了用笔记录学生的发言外，还可以利用录音笔、录音机等设备来协助记录讨论会的全部过程，也可以准备幻灯片来播放讨论的主题和演示头脑风暴法的规则等。

2. 实施阶段

这个步骤是实施"头脑风暴教学法"的重点，要想获得良好的"头脑风暴教学法"效果，必须在这一步上下功夫。会议一开始，教师可用幻灯片介绍头脑风暴会议的基本原则并补充说明要解决的问题，然后就开始讨论。实施头脑风暴教学法要注意以下实施细节。

（1）实施氛围

整个周围的环境和氛围的和谐是非常重要的，为使气氛轻松自然，让大家尽快适应规则，教师可先提出一些极为简单的问题，以让大家尽快进入状态。尤其要注意那些首次参加头脑风暴会议的成员，让他们尽快适应这种氛围与节奏。

（2）教师

老师是主持人，首先，对发言次序要有规定，最好要求学生按学号轮流发言，这样每个学生都有机会提出设想。其次，教师应鼓励大家提出一些从已经提出的设想中派生出来的设想，即连锁反应。另外，为了让每个学生都能自由地、大胆地参与探索和交流，教师不应受心目中最佳解题方案的影响，提问时不应暗示学生最佳的解题方向。这就要求教师应特别注意静下心来，与学生一起，在学生的思维层面上进行分析和评价，并适当点拨，哪怕是学生由于思维水平低而"误入歧途"。因为我们不光是要教给学生知识，更重要的是要教会学生思维与学习。

（3）学生

学生应积极思考，尽可能提出设想，不用害怕自己的设想会遭到别人的嘲笑，哪怕是"荒唐、怪诞"的设想。在讨论过程中，如听到别人的设想后自己有了新的想法，应立即用笔记录下来，以免忘记。此外，负责记录的同学也要及时记下学生提出的设想和学生姓名，将所提出的设想进行编号，以便教师随时掌握设想的数量，以启发学生再多提出设想。

（4）总结阶段

发言讨论结束后应该对所做记录进行分类整理，并加以补充完善。由于用智力激励法产生出来的构想，大部分只是一种提示，缺乏系统性、逻辑性，因此整理、补充和完善构想这一步就显得相当重要。总结过后可再组织一次小组会评价和筛选，以形成最佳的创意。①

三、头脑风暴教学的意义

采用头脑风暴教学组织群体决策时，要集中有关学生召开讨论会，教师以明确的方式向所有参与学生阐明问题，说明课题的规则。教师一般不发表意见，以免影响会议的自由气氛。由学生们"自由"提出尽可能多的方案。

1. 头脑风暴何以能激发创新思维？根据 A.F. 奥斯本及其他研究者的看法，主要有以下几点：

（1）联想反应

联想是产生新观念的基本过程。在集体讨论问题的过程中，每提出

---

① 摘自新浪 blog《采用"头脑风暴教学法"培养学生的创新能力》http://blog.sina.com.cn/s/blog_5e830a5e0100uo4u.html。

一个新的观念，都能引发他人的联想。相继产生一连串的新观念，产生连锁反应，形成新观念堆，为创造性地解决问题提供了更多的可能性。

（2）热情感染

在不受任何限制的情况下，集体讨论问题能激发人的热情。人人自由发言，相互影响，相互感染，能形成热潮，突破固有观念的束缚，最大限度地发挥创造性的思维能力。

（3）竞争意识

在有竞争意识的情况下，人人争先恐后，竞相发言，不断地开动思维机器，力求有独到见解，新奇观念。心理学的原理告诉我们，人类有争强好胜心理，在有竞争意识的情况下，人的心理活动效率可增加50%或更多。

（4）个人欲望

在集体讨论解决问题过程中，个人的欲望自由，不受任何干扰和控制，是非常重要的。头脑风暴法有一条原则，不得批评仓促的发言，甚至不许有任何怀疑的表情、动作、神色。这就使每个人能畅所欲言，提出大量的新观念。[1]

由此可见，头脑风暴法是一种通过集体讨论的形式，让所有参加者在自由愉快、畅所欲言的气氛中，自由交换想法或点子，并以此激发参与者的创意及灵感，以产生更多创意的方法。它的优点在于：当一个人独自反复思考时，他的思路可能会限制在一个局部；当参与许多人的讨论时，能引发联想，相互启发，易产生共鸣和连锁反应，从而诱发更多的设想，有助于培养学生的创造性思维。

在"头脑风暴"教学环境下，我们要求的是以学员为主体，师生多

---

[1] 摘自百度百科 https://baike.baidu.com/item/%E5%A4%B4%E8%84%91%E9%A3%8E%E6%9A%B4%E6%B3%95/858607?fr=aladdin。

向交换信息,学生可以达到互相启迪、思维互补、知识共享的效果。

2. 学生的创造性思维培养主要体现在以下几个方面:

(1)"头脑风暴教学法"能够挖掘教学资源,培养创新型意识

"头脑风暴教学法"的主体是学生,形式是各抒己见,互相脑力激荡。让学生交流代替教师讲授,让学生教育学生。头脑风暴教学法打破了学生的思维定式,形成了学生的发散性思维,而发散性思维是创新型思维的核心,从而推动了创造性思维的发展。此外,这种"自主、合作、探究"的学习方式,使学生爱学、会学、善学。

(2)"头脑风暴教学法"能够丰富教学内容,提供创新信息

"头脑风暴教学法"的优势之一就是形成尽可能多的观点。通过"头脑风暴"教学,学生可以从各自知识背景、思维习惯、观察角度和方法出发,互相启迪,充分交流,从而丰富教学内容,提供了创新信息。

(3)"头脑风暴教学法"能够活跃教学形式,培养创新型思维

"头脑风暴教学法"教学改变了传统的教师"满堂灌"的教学形式,让学生积极参与到教学活动中来。在"头脑风暴"教学过程中,学员围绕主题,充分思考,有赞同,有辩驳,相互激发,争相发表各自观点与主张,课堂气氛紧张而又活泼,培养了学生创新型思维。

(4)"头脑风暴教学法"能够锻炼学生综合职业能力

"头脑风暴教学法"教学过程有利于学员的思辨能力、口头表达能力的锻炼,把学员推到主体位置,给学生一个锻炼自我、施展才华的舞台,充分展示学生的专业知识能力、方法能力和社会能力。

(5)评价方式的改变有助于培养学生的创新型思维

"头脑风暴教学法"规定严禁批判、延缓评价,这与以往的评价方式不同,它不会在课堂上否定或是批判谁的观点,这样可以使人们充分发挥想象力,摆脱外部的价值判断压力,不必担心被人讥讽而框住自己的思路,从而使学生在一个自由安全的环境里互提设想,互相撞击,以

求得创新思维的发展。[①]

四、头脑风暴教学的案例

【案例 5.4】头脑奥林匹克小鸟悬浮

在我每年需要做头脑奥林匹克长期题的时候，都觉得要做一个非常好的队籍标志。但当我把想法和设想告诉我的队员的时候，队员却往往想不出来有什么好方法来制作。一个好的队籍标志需要会动、会发光，还最好能放音乐，同时也要展现出比赛的题目的特征和自己学校的名字。这时候很多同学会想到用电机来进行一些非常简单的左右摇摆，然后上面装上 LED 灯，发光发亮，同时可以装蓝牙音箱，播放音乐。但这样往往并不能获得非常好的效果。

在一次训练过程中，我看大家都非常疲惫，就把大家召集起来给大家出一个类似于头脑风暴的训练，我问大家如何把一个物体进行悬空。大家开始各抒己见，有人提出用看不见的丝线进行吊挂；有人说用风力把物品推上去；也有人说用磁力进行相对应的控制，也可以进行悬空。我又问大家所说的这些方法，有没有能实现的方法呢？大家开始画起了草图。

我们开始互相讨论，互相商量。大家灵感迸发，其中一位男同学提出一个他之前在网上看到过用空气进行悬浮的方法。假如有一个纸管的空气向上喷射时，在空气上原本的物品在足够轻的情况下，它可以浮在半空中。于是我召集了全队队员，让其他的队员把他的这个设想进行了一个改变，做一个底座隐藏的排风机。同时让各位队员设计一下浮在空中的物品的样子。有人提出来飘浮一个气球，也有人提出飘

[①] 摘自新浪 blog《采用"头脑风暴教学法"培养学生的创新能力》http://blog.sina.com.cn/s/blog_5e830a5e0100uo4u.html。

浮起来一个透明的球，还有人说应该把透明的球外面装饰一下，让它看上去像一个动物。最后在讨论中，我们的目标已经非常明确了，就是做一个小鸟。

最后的作品就是用一个排风机往上吹动，把原本在出风口上的一个用气球改造的小鸟吹动到天空进行悬空，同时在小鸟的四周做好一些丝带，让小鸟飞起来的时候感觉更加真实，还在小鸟的四周安装了4个LED灯泡，当排风机进行工作时，4个灯泡会对小鸟进行照亮，产生一定的光影效果，安装的蓝牙音箱会发出小鸟的叫声和风吹过的声音。让这个队籍标志符合题目的要求，同时也能最大化地展现它的风格。

所以一个好的队籍标志并不是可遇不可求，而是如何用头脑风暴的方法让大家把心中的想法给描述出来，并能进行相对应的改造。

就像上面的例子那样，当教师提出一个创意"物品进行悬空"，让学生各自想一些好的方法，把这个创意逐步完善，让队伍中的每位学生提出自己的想法，然后用一些工具把这个创意实现出来。

学生在头脑风暴法的日常训练中，有时会有一些灵光乍现、不可思议的想法，然后记录下来，大家一起把这些平时看上去有些"异想天开"的想法变为现实，做到大胆假设、小心求证。我认为这样的教学方法正是头脑奥林匹克长期题做好的关键之处，让学生的创新思维得到训练和成长。

【案例 5.5】轨道的变化

在 2015 年头脑奥林匹克的比赛中，有这样的一道长期题"失控的火车"。这道题的要求是参赛队制作并操控最多三辆小车，这些小车必须在轨道上运行，由轨道引导，而且不能与除轨道以外的任何东西接触，一辆小车至少要访问 4 个不同的车站各一次，一辆或多辆小车在车站间运行并克服障碍。表演的主题包括小车在轨道上的经历和一个售票员角色来指引整个旅程。在最后一段旅程中，小车要进行绕场庆祝胜利的表演，并展示胜利旗帜。

拿到这道题后可以想象得到它的难点有以下几个：

1. 小车是三辆，虽然没有要求每辆小车不同电源的特殊性，但电源必须跟车一起走，就把一些用外部驱动力的方案否决了，如风动力小车。

2. 题目要求有4个车站，每个车站之间相距8英尺，这也就需要4个轨道，车辆必须行驶在轨道上。

3. 题目要求必须在8个障碍里面任选5个障碍来进行挑战。

拿到这道题后，我先找来了之前愿意做小车题的同学们。我通过引导学生的思维。让学生总结了以下几个我们需要解决的问题：小车的工艺设计，轨道设计，选择哪5个障碍，以及如何完成整体的故事情节等。

我们先从8个障碍里面选出5个障碍，然后再决定具体怎么做车子。最后我们选择了以下5个障碍任务：

1）在斜坡上向上爬坡，斜坡必须在同一旅程中，斜坡起点和终点之间要有6英寸的高度差。

2）在轨道上牵引某个物品，由小车从一个车站拖到另一个车站。

3）在某个旅程中小车完全停下，然后再重新启动。

4）在同一旅程中，小车要先正向行驶再反向行驶，最后再正向行驶。

5）在同一旅程中小车要翻越某物体。

工程设计的话，先经过同学思维碰撞，然后设计了大量的车子方案，有橡皮筋扭力、电力、重力和风力的小车，还有用编程软件改造的编程小车。经过层层商量和反复探讨，同时在预算的控制下，我们选择了三辆小车，一辆是问学校的乐高社团借来的乐高小车，并学习了对此车如何进行编程；第二辆我们选择了学生家里已有的四驱小车，并对车的动力和马达进行了一定的改造，让它的动力更加强劲；第三辆我们则自己制作了一个非常简单的橡皮筋动力小车，橡皮筋用了我们平时做即兴题训练时用的材料。达到了用低成本来完成这三辆小车的基本设计，接下来我们就要用这三辆小车来完成对应的 5 个任务。

用乐高完成的编程小车，主要用来解决一些复杂的障碍，比如小车完全停下再重新启动，用其他的小车，无法达到停止以后再次启动，一定需要用编程的小车来进行重启，同时编程小车也可以完成正向、反向再正向的一些需要反复运动和改变方向的任务。而橡皮筋动力完成的小车，就可以用来完成一些比较不需要速度，也不需要控制的一些任务，如牵引某个物品。而用电池前进的四驱小车，因为不能控制方向，但速度较高，所以可以完成一些需要速度，但不需要控制方向的任务，如向上爬坡和越过某个物体这两项任务。到此，小车的工程设计全部完成。

接下来是最重要的轨道设计和轨道如何进行变换。我们对之前一位同学家里的四驱赛车配的比赛轨道进行了一定的改造，不够的数量，再通过网络购买进行了补齐。针对这三辆小车不同的宽度，对一些轨道做了一些相对应的调整，用木材和塑料板进行定制制作。原赛道的完整性要考虑，同时为了把赛道的拼接工艺提高，我们用一些原有的插销式方法，把整个赛道的一些薄弱环节做了加固。

队伍里曾经学过编程的同学，学习了乐高的编程。经过三个月左右的培训，非常完美地装配出了与轨道相符，并能完美运行任务的乐高小车。橡皮筋小车的最大问题是方向不可控，容易撞在轨道边的护栏上，从而造成无法完成从当前站点去往下个站点的任务。经过反复改造，橡皮筋小车经过了多版改造，包括改用不同结构不同材料，以及不同轮子的花纹，同时改变了当前轨道的行驶路线，还有护栏上的一些材料，使小车的行驶更加顺滑，就算运行过程中撞在护栏上也能完成任务，最后终于完成了最终版的橡皮筋小车，在形态上更漂亮更流畅，动力更加稳定，轮子的前进方向更加可控。我们也把四驱赛车进行了改造，将普通电池驱动改为了用锂电池驱动，对原有的线路进行了改造，把原来的低功率马达换成了较高功率的马达，还对赛车的车头、车翼和防护进行了改装，让车更稳定，不至于在高速行驶中飞起来或者翻过来。对此 3 辆小车的改造完美结束。

从 9 月份拿到赛题开始，到第二年的 2 月份去比赛，我们花了 5 个月的时间把任务做完。最后在大家的努力下拿到了全国二等奖的好成绩。

在比赛过程中还经历了寒假，在寒假中经常会遇到思维枯竭，这个时候我会停下来让大家重新围坐在一起，进行一些小的思维风暴训练，如：一辆车行驶过程中与围栏发生碰撞，那这个时候车应该进行哪些改造？这时候，大家会各抒己见，让思维进行碰撞，同时也会出现各种"金点子"，如增加车本体的流线性，增加车的动力和降低围栏的摩擦力。最后我们对围栏进行了一些相关的改造，在围栏上用玻璃胶带进行粘贴，这样车就算撞在围栏上，也因为玻璃胶带的光滑性，减少摩擦力，从而大大降低比赛的难度。

正是学生们的各抒己见，互相脑力激荡。在交流中让能力强的学生代替教师的讲授，在训练中不再完全的"以我为主"，而是能从教师的想法中得到延伸，有学生自己的想法，让能力强的学生帮助其他学生。头脑风暴教学法形成了学生的发散性思维，而发散性思维是创新型思维的核心，从而推动了创造性思维的发展。让学生在头脑奥林匹克长期题的训练中得到了创新思维的成长。

第六章

探索——科技教育与本土化特色教学

作为上海市首批命名的实验性示范性高级中学，市西中学以率先投身课改潮流的勇气、决心和创新精神，以完成教育科研课题的科学、严谨、踏实、求真的态度对学生进行科学探究、科技应用和科学理解能力的培养，使学生不仅具有当代社会公民应有的科学素养，而且打好21世纪高层次建设人才所需的素质基础，市西中学积极整合学校各类资源，坚持将科技教育纳入学校课程体系，作为学校发展的特色教学实验项目，已有一定的探索与收获。回顾多年来市西中学的教育教学工作，表现了市西中学科技教育意识由觉醒到成熟，由完成上级要求到追求学校自主发展的自觉要求和规范行为。本章将从半野生教学、跨学科教学、学长制教学等几个方面展开介绍。

第一节　半野生教学

"半野生教学法"是由王纪华老师于2002年提出。

王纪华，男，1999年毕业于上海市师范大学物理教育专业，获教育学学士学位，同年入职上海市市西中学，任物理教师、信息科技教师、科技总辅导员至今。曾担任乐高教育上海地区主讲教师，上海市市教委组织的用图形计算器技术辅助物理教学主讲教师。主持编写《用TI技术学物理》高一高二上下两册教材。曾获得上海市教育园丁奖称号。2002年创立半野生教学法，曾代表上海参加美国得克萨斯州举办的美国技术教学年会并作主题发言。

王纪华老师致力于开创一条以学生发展为主、半野生教学法为指导原则的科技教育之路。他 2008 年创立静态模型社，2011 年带领校 WRO 机器人团队获得上海市机器人比赛一等奖、全国比赛一等奖和阿布扎比举办的 WRO 世界总决赛创意组冠军，2014 年带领校 FTC 团队参加澳洲悉尼举办的 FTC 亚太锦标赛获得总分冠军，2015 年带领校第一支 F1 in Schools 车队参加于北京举办的 2015 年 F1 in Schools 全国总决赛获得第三名的好成绩，2016 年、2018 年两次获得全国总冠军，并代表中国参加世界赛。除此之外，他还曾带领机器人团队、静态模型团队、F1 团队、机器人马球团队、机器人啦啦操团队先后获得上海市、全国乃至世界级的各类比赛并获得数百项奖项。

一、半野生教学诠释

市西中学有 21 个创新实验室，这些实验室与国外非常流行的创客空间很类似。他们的理念是：学生只要有创意千万不要只是留在脑海里，一定要把它付诸实践，留在脑海里的创意谁也看不见摸不到，他们要将这些创意都做成实体，不要让它们一直以虚幻的状态存在，一些简单的电动工具和一些常用的机床，就是他们的创意制作空间所必备的工具。不用担心学生不会使用，每个经过挑选的学生都有极强的动手能力。他们在模仿实践后很快就能掌握使用工具的技巧。如果你看到他们在不同的板材上钻孔，在不同的板材上画线，在不同的板材上做切割，你会很惊讶高一学生的创造力是有多强！

实验室的环境布局其实是非常容易被模仿的，因为它们只是骨骼和肌肉，属于硬件，如何让这些硬件发挥真正的实力，那就要靠"大脑"创造性地驾驭这些硬件。所谓"大脑"就是教师的教学策略、教学方法以及团队管理方法，这才是真正精髓所在，也是最能体现个性化的环节。

下面是王纪华老师阐述的半野生教学法教学策略和团队管理方法。

其实对于动手类的课程来说，最重要的一点就是要在课程内容设计时遵循最邻近发展区的原则。学生每次需要完成的任务难度都应设定为他们在能力基础上稍做努力即可达成，让他们时刻拥有优质体验，而不是设定可望而不可即的难度。对于教师来说设定适合难度的任务布置给学生，不是一件很困难的事，困难的是在设定的课程任务中如何让他们每次都能得到优质的体验。经过长时间的摸索，王纪华老师创立了一套非常有趣的半野生教学法。

半野生教学法的诞生说来非常有趣，这个方法没有现有的理论支持，而是在实践过程中偶然发现的，并逐渐丰富了它的内涵和外延，获得了极好的效果，在多批次学生中都得到了检验，说明它是切实有效的。

先来谈谈这个方法是如何诞生的。十多年前王纪华老师开设的机器人课程只属于体验类的课程，他参考了国外的各种教材，选择了其中一些简单的任务布置给学生。当时的器材可靠性并不是那么高，经常会发生芯片故障、程序无法导入、设备无法启动、电源供电不稳定等问题。在课堂上遇到此类问题，唯一的解决方案就是即时进行检修，如遇到一些复杂的问题就需要回到实验准备室，进行拆解和进一步检测以找到真正的原因。由于每次故障都是发生在课内，而他又不可能预测哪台机器人在课内会突发故障，所以解决的过程也必须在课内完成。这就给他带来了一个新的要求，他必须把检修的过程作为教学的一个必要环节加以考虑。这样做必然会打断教学的连贯性。为了在课堂上减少老师不在时对学生带来的影响，他就刻意将每次的任务分为三个阶段。第一个阶段是布置任务，用极短的时间把布置的任务阐述清晰；第二个阶段就是放手让学生小组完成任务，其间可能发生各种设备故障，他就有充裕的时间逐一进行排查；第三阶段在课程将要结束的时候，他回到教室，并对所有的学生进行点评。看似这个三段式的任务是因为设备可能会有故障而不得已为之，事实上达到的效果却令人惊喜。每次布置的任务虽有所不同但是他每次回到教室以后，在点评前常发现所有的小组完成任务的搭建方法都有所不同，编程方式也极具个性。学生在完成任务时，完全无视他的不存在，他们自己乐在其中。这不禁让他有所反思，这是种偶然现象还是一种必然的结果？经过一段时间的观察，他发现这其实是个很有趣的心理现象。在孩子心目中老师是非常神圣的，他们是知识的化身，是正确答案的来源。当老师在某些关键时候离开课堂，学生发现他们的标准答案不见了。对于 90 后、00 后这些以自我为中心的孩子来说，与其说他们会相信同龄人，还不如说他们更相信自己。于是他们在完成任务的时候，从来不会模仿别人怎么搭建，他们都认为自己搭建的是最好的，即便他们搭建的速度非常慢，即便他们搭建的作品非常难看，即便旁边的小组早就已经搭建完毕，他们也绝不会去抄袭。这可能在传统的课堂上很难遇见，而机器人的课堂上几乎每次都是如此，这不正是他们的创造力所在吗？他离开教室的行为不正是给他们一个宽松的环境吗？

于是之后的课程，他开始有意识地创设这样的环境。随着机器人硬件设备的可靠性逐年提升，在课堂上发生设备故障的概率越来越小，而他依旧会有意识地离开教室让他们尽情发挥，而每次回来学生都会给他惊喜，看来他的离开才是关键点，与设备的可靠性并无多大的关系。之后一次偶然的机会又看了一次日本的电影《狐狸的故事》，影片中讲述了狐狸妈妈在小狐狸长大以后，强行将它们赶出了自己的窝，逼它们独立生活。虽然很多家长都认为现在的孩子独立性很差，但是事实上是不是真的如此？家长有没有给孩子创造这样的环境，有没有给他独立行事的机会呢？只要你给他这样的机会，他就能展现出自己的独立性，在机器人的课上不正表现出这样的独立性吗？由此王纪华老师总结了自己的教学方法，并将之称为"半野生教学法"，这个方法沿用至今，他与许多同行都进行了交流，他相信这样的课堂教学无论是让谁来驾驭都会觉得无比快乐。老师轻松地在课堂上扮演引导者，而学生扮演真正的课堂主导者，这应该是现代教育所追求的一个最好的结果吧！

经过一段时间的摸索，他在课堂实践中对"半野生教学法"进行了一些改进，他感觉离开教室虽然是一个可以引发良好结果的行为，但是并不符合教师的日常教学规范，更让他错失了很多精彩的环节。他没能观察到学生是如何思考，如何完成他们的创意。于是他将第二阶段从离开教室改为旁观和记录。这个改变也很受大家的欢迎，虽然他没有离开教室，但是他不接受提问，对学生来说他只是一个透明人。他用相机记录学生们的一举一动，将关键的画面定格下来，并在下一节课开始前，与他们分享这些有趣的过程，得到了更好的教学效果。

二、半野生教学意义

那么王纪华老师是如何在"半野生教学法"中实现优质体验的。学生在没有老师束缚的情况下，充分发挥了他们的创造力；老师在没有课堂压力的情况下，充分享受了学生创造力带来的乐趣。这难道不是他们课堂教学改革所追求的目标吗？大家都在欢乐的气氛中完成了学习，孩子们的天赋和创造力都得到了充分的展现。这样的氛围中，学生的高阶思维能力得到了大大的提高，在与同龄孩子的交流中也展示出了他们思维方式的超前性。

将"半野生教学法"应用在体验式课堂教学环境中其实并不是很难，即使是新手也可以轻松驾驭，这是一种可复制的方法。不过在带竞赛团队的环节，教学策略的实施难度就提升了很多。王纪华老师就一些带队的经验也做了以下总结。

其实那么多年带队的经验给他的启示是：机器人竞赛团队中，学生的技术水平并不是最重要的，最重要的是团队的凝聚力，这决定了团队的成就高低。其实他的方法还是遵循最广为人知的木桶原理，要着力打造一支综合素质非常高的团队，而不是只培养一到两个综合素质非常高的个体。以前大家都听说过一句话："中国人，单个是条龙，抱团就是条虫。"他希望他带的团队抱团也是一条巨龙。

三、半野生教学案例

【案例 6.1】机器人团队教学

如何挑选机器人团队的成员是非常有技巧的。有兴趣的并不一定适合加入竞赛团队，即便是爱好机器人的学生也不代表他就很适合机器人竞赛团队的氛围，每个人都需要被考量一番。

王纪华老师的选材方式比较特别，很多教练选材都只重视他们的机器人技能，而不重视他们的心态。而王老师在选择队员时，则主要把握他们的心态，既有技能还有良好心态的队员才是他要的。机器人这个名词就像吸铁石一样，可以牢牢抓住很多人的眼球，包括家长和学生。但是这些学生是不是真的适合进入机器人团队呢？还要通过各种考验来衡量。所有入队的学生，都要先和王老师一对一面谈，因为他们可能耳濡目染过很多机器人团队所创造的成就，但是他们从来没有听到过机器人团队所经历的那些艰辛。中国的教育往往会强调那些大家熟知科学家们所获得的成就，但是他们达成这些成就的艰辛过程是被一笔带过的。无论是家长还是孩子，都可能只看到了结果，而忽略了过程。对要培养高阶思维能力的团队来说，他们必须要能承受艰辛过程所带来的压力。

因此在学生还不了解团队到底要做什么的时候，就要提前告知他们所有的困难，比如他们可能需要花 100 小时整理器材，是否有耐心坚持下去？加入机器人团队势必会占用他们的课余时间，他们会来不及做作业，有可能会影响他们的考试成绩，父母是否会心疼他们？机器人团队中有一些训练是需要体力的，他们能否承受搬运设备带来的身体上的压力？因为在团队中一切都要靠自己，他们是否能忍受备赛过程中不断失败，不断重来，甚至在淘汰赛中第一轮就被淘汰带来的心理压力？他们是否能承受为了备战熬夜加班，3天只睡4个小时的压力？他们是否想到过可能班主任会不支持，其他任课老师可能会经常投诉？他们是否能承受比赛失利后，来自周边各种人群的冷嘲热讽？如果他们不能承受，那就在痛苦开始前就先断了念头为好。王纪华老师会在面谈后给学生一周的时间认真考虑，并和家长充分探讨他们将来要成为什么样的人，这些重重阻碍如果对他们来说不成问题的话，那么说明他们已经过了心理关，这也是团队凝聚力的核心所在。

  过了心理关以后，就要深入了解他们内心真正所想的是什么。有些孩子则是为了提前出国深造，有些孩子是立志要报效祖国，有些孩子则是为了挑战自己。对于不同的孩子有不同的定位。想要出国深造的要尽量提供高等级比赛的机会；想要报效祖国的，就要着重培养其专业能力；对想要挑战自己的，应给予适当压力，逼其爆发出自己的潜力，使每个人都能找到自己可以施展才能的舞台。对于已经进入团队的队员，他也不能保证他们的心态不会发生变化。在这个世界中有太多诱惑，没有恒心和毅力是坚持不了的。所以还要创造各种机会，以让他们持续获得优质体验。

  王纪华老师把比赛看作一种交流，一种地域之间的交流。他们参加了国内的各种选拔赛，每次比赛都要备赛三到四个月，大家会很辛苦。学生要学会如何用机器人技巧来完成场地上的各种任务，要学会怎样去排版印刷，要学会怎样去展示团队。在四个月短暂的时间内，他们要学会的东西太多，而收获也是很多的。在团队中，有的同学是从零基础开始的，他们之前从来没有接触过这个领域的任何技能，但是只要有恒心，就能获得非常多的成绩，快速成长起来。比如2011年他们参加了世界机器人大赛中国赛区的选拔赛，一举获得场地赛和创意赛的双料冠军，并在2011年阿布扎比举行的世界机器人奥林匹克赛决赛中，获得了创意组的世界冠军。这些成就，验证了他的"半野生教学法"和"吹风机选拔法"在团队建设中的成功。之后两年，他们在全国竞赛中获得了各种奖项，特别是全国选拔赛中几乎次次榜上有名。在2014年，团队成绩又达到了新的高峰，在FTC机器人挑战赛亚太锦标赛上第一次获得联盟冠军，在泰安举行的世界机器人奥林匹克赛上，获得了场地赛一等奖，又包揽了创意赛冠亚军。这不能不说又是一次成功，且再度证实了教学策略的正确性。

【案例6.2】F1在学校STEAM挑战赛

F1在学校STEAM挑战赛是市西中学的科技特色项目之一，也是目前全球参与国家最多、最著名的青少年综合科技创新竞赛项目之一。自2000年源于英国，每年举办一次国际性比赛，目前已在50余个国家的两万多所学校开展。

真实的F1车队是由赛车手、试车手、车队经理、技术总监、工程师、技师以及经营管理人员、医师、营养师等组成的团队。车队每年的各种花费上亿美元，因此每一支F1车队的背后都有巨大的资金支持。而FIS的车队由3—6名学生组成，分为车队经理、市场营销经理、三维工程师、设计工程师、平面设计师、制造工程师六个角色，同学们各司其职，相互协作，共同完成。FIS特别强调团队合作、个性展示、社会交往等能力，能有效促进学生创新精神和实践能力的发展。参赛团队需要筹集赞助经费并管理预算，满足研发、活动及竞赛的开销。严谨的竞赛规则激励车队成员掌握现代信息技术手段，结合空气动力学、结构学、制造技术等设计与制造赛车。通过团队协作的方式拉取赞助，获得资金支持，在充满想象力、竞争力和团队协作的过程中享受竞赛带来的乐趣。

FIS的赛车设计是"半野生教学法"很好的应用场景。赛车设计规则虽然看似繁复，有数十页，但主要篇幅是大方向上的限制，如必须有且只有四个车轮，车身重量、长宽高的限制，及少量细节说明，以避免参赛车队对规则产生歧义。这就给了参赛车队足够多的自由度，能充分发挥自己的想法。在这个过程中教师不做额外的指示来干预学生设计，只在必要的时候提示把握住规则的限制即可。

FIS除了赛车设计之外，还有一个非常重要的部分——展台的设计搭建。展台除了有着相当多的分数，还是将车队一年来所有努力成果展示的重要渠道，优秀的展台设计特别是在国际比赛中可以获得很高的人气，是国际交流的名片，也是来年车队拉取赞助最好的素材。FIS的展台长3米，宽1米，高2米，在这个立方体的环境中，不仅要把所有的元素都包含进去，包括背景板、展台本体、展示车、车队选集以及动态媒体展示等，还需要考虑到展台的打包、运输、搭建、拆除等。这些如果都由教师来详加指点，是不现实的。从设计、试制、修改、定稿、制造、打包、运输、搭建到拆除，都是由车队内部自己分工，安排日程表，按照计划靠团队来完成，教师在合适的时机进行点拨指引。所以在FIS赛场上面几乎从来没有见过有车队的指导教师动手参与帮忙的，也没有看过两届学生设计的展台有雷同。

在带队过程中王纪华老师采用的"半野生教学法"和体验类课程的教学方法有所不同，在带教竞赛队伍过程中，"半野生教学法"的应用领域扩展了很多。团队的学生都知道，王老师要求他们所有的事情都靠自己。他们团队中七成以上的同学，都能熟练掌握各种电动工具，并知道那些器材在哪里可以购买，更知道如何加工他们所需要的材料。他们要在一年半的时间内，自学掌握多门技巧。王老师粗略地罗列了一下，可能有几十种技能，比如三维建模、PS平面设计、会声会影后期制作、

AI矢量设计、工业手绘制图、PIO工业算法、ROBOC软件编写、演讲技巧、队服设计、造型设计、人物化妆、金属加工、单片机控制、包装设计、摄影技巧、摄像技巧、布光技巧、录音技巧、后期配音技巧、展示技巧、搭建技巧、打包技巧、运输技巧。团队中的每个人都各司其职，井井有条地完成各自的任务。由于平时这些工作不是老师代劳的，所以他们在赛场上会显得非常积极主动，所有的作品都来源于他们自己的设计和创意，老师则无须插手。在这样轻松的比赛环境中，老师获得了优质体验，当然比赛的成绩也让学生获得了更优质的体验，望着一张张国家级的奖状，所有人都无比自豪，这是对他们的付出最大的褒奖。

第二节　跨学科教学

跨学科教学是指以一个学科为中心，在该学科中选择一个中心题目，围绕这个中心题目，运用不同学科的知识，展开对该中心题目加工和设计的教学过程。在美国和德国已经较为成熟，这两国在跨学科教学方面的共同点为以下几点。第一，都是以学生能力培养及价值观塑造为主。无论美国还是德国，跨学科教学重要的使命是培养学生的各种能力及价值观念。第二，都尊重学生的独立性和个体人格。第三，有相关国家政策支持，并有致力于跨学科教学实践的教师团队。在这两个国家跨学科教学都已经上升至国家意志层面，成为国家教育改革的重要组成部分。另外都有许多学校和教师致力于跨学科教学实践。第四，强调与现实生活的连接。在跨学科教学当中，两国都将跨学科教学的重要目的定义为对所学知识应用能力的培养，把这种能力的培养多集中在以解决现实中出现的问题中去。第五，都强调综合化教学研究与人才培养。

跨学科教学是基于多元智能理论教学的一种新思路，是对教育目的的一种全新的思考。它是以学生的多元智能的发展为目标，通过整合多个学科的知识，开展多元智能教学的教学活动，把各个学科都联系起来，教学过程中可以构建一个跨学科的知识网络，将多学科教学内容整合起来，也可以找到一系列线索，用这些线索将若干学科领域的多个技能和相关概念串联起来。

对跨学科教学可以进行如下分类。第一，根据主要教学目标是单一还是复合，可以将跨学科教学分为单一跨学科教学和复合跨学科教学。如果跨学科教学的主要教学目标设定为单一目标，则称为单一跨学科教学；如果跨学科教学的主要教学目标设定为多个目标，则称为复合跨学科教学。第二，根据是否单独开设跨学科课程可以将跨学科教学分为独立跨学科教学和基于学科的跨学科教学。

为了培养学生的关键能力和核心素养，跨学科教学成为当下教育界研究的热门话题，但受诸多因素的影响，如教师的专业背景、教学习惯及考试评价的导向等，一线教师在平时教学中并未对其有足够的重视，从而造成了理论与实践研究和教学相背离的现象。随着课程改革的深入及高考命题的改革，跨学科教学必将迎来新的发展。如《普通高中数学课程标准（2017版）》，在命题课程内容时强调数学与生活及其他学科的联系，提升学生应用数学解决实际问题的能力，同时注重数学文化的渗透。与之相呼应，现行新教材中增加了大量的跨学科内容，而作为课改的风向标，近几年高考试题以数学为主导的跨学科内容逐年增加。如2020年全国高考数学试题中，不仅涉及古埃及胡夫金字塔、中国古代用来测定时间的仪器日晷、北京天坛的圜丘坛铺设的石板数等数学文化类试题，而且增加了如新冠肺炎的流行病基本参数、利用logistic模型评估疫情是否被初步遏制、总发芽率与温度的数据拟合、0—1周期序列与通信技术等许多科技类问题，还有野生动物的数量统计及评估、沙漠治理、PM2.5及空气质量与公园内锻炼人次的统计与评估等，更是以解答题的形式进入高考试题之中，关于体育锻炼、体育比赛及音乐中的原位大、小三和弦的个数问题，成为高考中的"网红题"。很多试题学生考后反映不适应，其实这与平时教学的缺失不无关系。

一、跨学科教学诠释

所谓跨学科教学是指打破学科的界限，将不同学科的思维、知识、工具、技术、理论等融合在一起，并围绕某一中心问题进行开发、设计、实施及评价而展开的教学，特点是打破学科的壁垒，促进多门学科之间的交汇和融合，全面提高学生的思考力和创新力。

1. 跨学科素养的培养

核心素养是学生在接受相应学段的教育过程中，逐步形成的适应个人终身发展和社会发展需要的必备品格与关键能力。2016年9月核心素养课题组颁布了《中国学生发展核心素养》总体框架，该框架以全面发展的人为目标引领。其框架从文化基础、自主发展、社会参与方面，对中国学生发展核心素养做出划分，该框架包含：人文底蕴素养、科学精神素养、学会学习素养、健康生活素养、责任担当素养、实践创新素养6大素养。具体细分为：人文沉淀、人文情怀、审美情趣、理性思维、批判质疑、勇于探究、乐于善学、勤于反思、信息意识、珍爱生命、健全人格、自我管理、社会责任、国家认同、国际理解、劳动意识、问题解决、具体运用18个基本要点。以上各素养是一个有机整体不可分割，并在具体特定的不同情境中整体发挥作用，各素养之间达成相互联系、互为补充、彼此促进的关系。根据以上内容可以构建中国学生发展核心素养的框架图。

跨学科素养是核心素养的重要组成部分，是在学科素养的基础上形成的、超越特定领域的素养。跨学科教学是培育跨学科素养的主要方式，通过跨学科的教学方法、教学内容和教学目标三者的结合才能构建全面的跨学科教学体系。只有以学科教学为依托，夯实跨学科教学的基础，提高教师跨学科教学能力，构建跨学科素养的评价体系，才能有效实施跨学科教学，从而培养学生的跨学科素养。

跨学科素养又称通用核心素养或横向素养，是具有跨学科、通用性质的核心素养。跨学科核心素养，是指通过学生解决一些与其生活世界相关的复杂问题而发展起来的素养，这种素养依存于学科素养，但又必须具有超越学科的性质，是兼具通用性能的那一部分核心素养。从这个意义上说，跨学科素养既是一种中介素养，又是一种交集素养。跨学科素养是学科素养通达核心素养的中介，在真实复杂的问题情境中交叉融合生成学科素养。

中国学生发展核心素养是以"学生的发展"为其标定的最终目的，提升学生面对复杂而真实情境的应变与问题解决能力，在个体可持续发展中起着必备和关键的作用，复杂多变的情境，需要个体具有整合不同学科知识的能力，这种能力就是跨学科能力。跨学科素养是学科素养在学生面对复杂多变情境生成核心素养的路径，是学科素养通达核心素养的桥梁。

学科素养可通过学校课程与跨学科教学来实现，课程是培养素养的载体，教学是培养跨学科素养的手段。由于现有的课程体系主要以学科课程为主体，因而教学活动重视学科素养的培养，这就造成跨学科素养的培养受到了遮蔽。为达到培养学生跨学科素养的目标，消除学科素养对跨学科素养的遮蔽，达成学生发展核心素养，必须在既有以学科课程为主的课程体系下，实行跨学科教学。

2. 跨学科教学的实现形式

现有的单学科教学使学生在学习某学科领域基础知识的同时，并没有使学生学会在面对现实复杂的问题时，有效地运用已学的知识进行思考和推理。而跨学科教学为学生提供了一种有意义的学习方式，使他们能够在一种跨学科的情境和语境下，作为有别于某一单一学科的知识库存在复杂情境中加以运用。

跨学科教学可以作为一种教学方法，也可以作为教学内容，同时也可以作为一种教育目标,这便是跨学科教学的三种实现形式。

(1)单学科中作为教学方法的跨学科教学

作为教学方法的跨学科教学,是指基于现有既定的学科课程体系,某一科目的授课教师在单一学科教学实践活动过程中,通过使用其他学科的知识、思维方式等完成本学科教学目标的教学方法。

跨学科教学不能单独存在,必须作为一种教学的方法与传统单一学科的教学相结合。作为方法的跨学科教学就会使传统的单一学科教学发生变化。传统的单一学科教学不具备跨学科的性质,如在数学教学中,传统的单一学科教学实施中,知识点的教学是由例题演示、习题练习来进行,完全依赖数学学科的概念、思维方式来展开。而把跨学科教学作为一种教学的方法来进行的数学学科教学,就要把除数学以外的学科的知识、思维方式,迁移到对数学概念、原理的掌握过程中,如用美术课中艺术作品欣赏的方式来讲解"黄金分割"的概念,通过音乐学科当中简谱的标调方式来认识"整数"。

在这种形式下,所涉及的跨学科教学是一种教学活动中的方法和技巧,是基于现有学科课程的结构划分,与传统的单一学科教学密不可分。跨学科教学是由某一学科的教师独立担任教学任务,局限于某一个学科课程的框架内,在学科课程教学时间内完成。作为教学方法的跨学科教学,在实施过程中具有一定的难度,如要求任课教师摆脱在传统单一学科教学中完全基于某一学科固定思维方式和教学方法的依赖。但相比其他形式的跨学科教学的实现形式而言,作为教学方法的跨学科教学在操作层面上最简单易行。

(2)学科群中作为教学内容的跨学科教学

作为教学内容的跨学科教学,是在学科群中存在的,与作为方法的跨学科教学相比,其教学内容不再是依赖于某单一学科的课程内容,而是引入单一学科之外的课程内容,对各不同学科的课程内容加以联结。

各学科以学科群的形式展现在学生面前，每个学科依然保持相对独立，但彼此之间存在一定的界限和联系，学生能清楚地感知到在某教学内容中有哪些学科参与其中。

从方法上的跨学科教学到内容上的跨学科教学，使各个单一学科彼此之间的隔离状态融合为基于某教学内容的集群状态，使各个单一学科中相互关联的教学内容，经过选择、组织、集群形成一个"学科群"，各学科之间的界限并没有完全破坏与消解。学科群由两个或两个以上的单一学科组成，学科群所需学科应由不同教学内容而定。与单一学科中作为方法的跨学科教学相比，学科群中的跨学科教学，在原有单一课程的组织形式上有所提升，使既有课程存在形式更加多样，体现了超越单一学科课程的教学内容。学科群中的跨学科教学要深入探究各个单一学科的具体教学内容，以便寻求某一个可能的相关教学内容来组织各个学科的相关内容。学科群并没有彻底打破学科之间的界限，但各个单一学科课程的教学不再是内容上毫无关联的彼此隔绝形态。

（3）统整学科中作为教学目标的跨学科教学

作为一门与学科课程并列设置的必修课程，综合实践活动课程是实现统整学科中作为教学目标的跨学科教学的最好阵地。学生在关注个体自身的同时，学会在社会与自然中展开实践，获得丰富的经验与体验；感知个体自身、当下社会与大自然三者间密不可分的复杂联系，从整体上提升并形成学生自己的各项意识与能力。这样以学生自身生活需求与发展需求为基点的课程，在真实情景中解决现实问题，注重在实践中培养学生的跨学科素养。综合实践活动课程无疑是跨学科的，它使"各自分散"的学科知识在此综合，并在解决实际问题的过程中得到实践。诚然，在实践过程中还会发现新的问题，这就需要在后续的学科教学中持续关注。

实施跨学科教学，还要有合适的内容为载体，这里教材是主要的课程资源之一，因此分析教材特点是研究的起点，也是必要的教学准备。跨学科教学通过融入单一学科以外的其他学科的"元素"，提高学生的参与水平，从而增加学生的学习动机。与孤立的单一的学科学习相比，当学生接触到跨学科教学时，他们会感受到在某单一学科所学知识的价值，并在学习的过程中变得更加积极。跨学科教学提供了一种有用的、合乎逻辑的、灵活的方法来组织教学，教师能够整合相关学科的内容领域。教师可以将某一个学科的见解和理解与其他学科联系起来，让学生参与某种问题情境。跨学科教学提供了有效学习的条件，使学生参与到有意义和实际功能的学习活动中，并在与同学、老师互动中学到更多。

二、跨学科教学意义

跨学科教学通常被认为是非传统的教学方式，是指教师在跨学科课程中让学生参与到学习过程之中，通过整合多种学科来增强学科内容，从而增加学生的知识和认知能力。跨学科教学是有意识地将知识、原则和价值观同时应用于多个学科，使这些学科可能通过一个主题、问题、过程或经验相关联。跨学科教学可以作为一种教学方法，也可以作为教学内容，同时也可以作为一种教育目标。

认知和教学方面的研究发现跨学科教学能极大地增强4种不同的认知能力。第一培养的能力是识别和理解不同的观点。当学生在学习过程中接触到不同的视角时，更容易从不同的角度理解和分析问题。第二是能够开发更好的问题结构知识，并能够在更高层次上进行分析。跨学科学习对问题的更广泛理解，增强了批判性思维和更高认知水平的学习能力。第三是提高学生从不同学科的角度形成综合见解的能力。不同学科对问题的不同解读拓展了学生对问题的认识，使其能够更加积极主动地处理问题。第四是培养学生对问题的跨学科理解能力。跨学科学习者更善于评估他们如何学习和他们学了什么，学生从跨学科学习中获得的收获包括对关键概念更全面、整体的处理，对问题更广泛的理解，元认知技能和批判性思维的进步，以及整合、吸收知识和转移到其他情境的能力。

跨学科教学的实施必须以学科教学为基础，无论是在单学科中作为教学方法的跨学科教学，还是在学科群中作为教学内容的跨学科教学，抑或是在同等学科中作为教学目标的跨学科教学都离不开学科教学。跨学科教学能否实施，实施的效果如何都与教师的跨学科教学能力有关。而在实施跨学科教学中，他们也要关注到一些教学策略。

1. 以学科教学为依托，夯实跨学科教学的基础

学校教育实践活动目标的达成有赖于学科教学，学科教学是学生扩大与深化知识积累和变化、形成各项学科素养的前提，而学科素养又是跨学科素养赖以形成的基础，没有学科教学这个前提与基础，跨学科素养的桥梁与中介作用也无从发挥，更谈不上学生核心素养的形成。

学科教学要成为跨学科教学的基础，就必须在学科教学中使学生掌握学科的基本结构。这里所说的学科基本结构，就是以允许事物有意义且相互关联的方式来理解该学科，也就是学习理解事物如何相互关联。例如在数学教学中，代数作为一种基本的数学思想与方法，利用等式使得未知数由已知数求得。在掌握交换律、分配律与结合律这三个基本规律后，就可以求得"新"等式中的未知数。

学科教学要成为跨学科教学的基础，还要为跨学科教学提供可供迁移、统整的"学科"元素。学科内容的简单堆砌是不能担此大任的，学科知识必须按照一定的学科逻辑形成稳固的结构。只有触及学科本质的学科教学，才能支撑跨学科教学。简言之，学科教学中囊括、整合该学科的具体知识、技能，并符合该学科的认知方式与表征方式的才能突显学科本质。

2. 开展跨学科教学培训，提高教师跨学科教学能力

毋庸置疑，教师开展一定的教育实践活动，需要相应的知识和能

力。如同学科教学的实施,需要教师的学科教学知识与能力一样,跨学科教学的顺利实施,需要教师具备一定的跨学科教学知识与能力。

为保障跨学科教学的实施,在职前教师及教师教育环节就应该注重跨学科教学能力的培养。就目前我国教师教育的现实状况而言,过早地将职前教师归于某单一的学科领域内,目标是培养胜任某一具体学科的教学工作。这种培养模式有利于夯实学科教学作为跨学科教学的基础,使教师在教学过程中更加适应学科结构,利于学科教学内容的实施。但只注重学科教学,不能完全体现核心素养的诉求,学生核心素养的培育应是学科素养经由跨学科素养这一桥梁与中介最终得以达成。

要使教师轻松应对如何让学生成为具备核心素养的全面发展的人这一挑战,必须在职前教师培养工作中使教师具备跨学科教学的能力。而针对职后教师开展跨学科教学培训工作,更是迫在眉睫的工作。我国在职后教师的专业发展上拥有完备的体制,例如教研员制度在省、市、区、学校各级的教研组织中都发挥着作用。为促进理论指导与实践需求的相融共进,教研组织的作用不可小觑。教师跨学科能力的发展离不开各级各类教研组织,通过集中与逐级递进式的培训,促使教师把在各级各类的培训中接收的理论运用于日常的教育教学实践当中。

3. 发挥教育评价的导向作用,构建跨学科素养的评价体系

跨学科教学的实施需要夯实学科教学的基础,也需要教师具备跨学科教学的能力,更需要教育评价发挥应有的导向作用。从一定程度上说,教育评价决定着教育实践活动的走向,有何种的教育评价就相应地存在什么样的教育实践活动。跨学科素养呼唤跨学科教学,跨学科教学需要与之配套的教育评价。教育评价如果只龟缩为以获得高分数为诉求的传统线性纸笔测试,那么跨学科教学将不复存在,学生的跨学科素养更无从谈起。

现如今,研发特定素养的评价工具是当务之急。在学科统一考试

中，如何将跨学科素养的测评融入其中，选取真实情境测评出跨学科的问题解决能力是亟待突破的关键点。由于形成性评价能及时、准确、可靠地反馈出学生跨学科素养的真实水平，对推动跨学科课程与跨学科教学的发展功不可没。

构建多元化的评价体系，需要高质量的教育测评工具。教育领域、计算机技术领域、统计分析领域的专家与学者们在工具的开发、验证、修正的工作中逐渐使之成形、成熟、稳定与可靠。

三、跨学科教学案例

现实生活中的问题具有复杂性、多样性和综合性的特点。这就要求对人才的培养要打破学科界限，加强学科融合，培养学生的综合素质。市西中学在跨学科教学方面也做了很多努力、尝试，为完成一节高质量的跨学科教学，他们采用了"学科群"的教学方式。

【案例6.3】生物化学

高中生物课程标准指出，自然界是一个统一的整体，自然科学中的物理学、化学、生物学等多门学科，其基本思维方式、原理、研究内容有密切的联系，有利于学生理解科学的本质与思想方法的科学概念。高中化学课程标准指出，在化学教学中，教师应重视跨学科内容主题的选择和组织，加强化学与相关学科的联系，适当融合跨学科知识，发展学生解决综合问题的能力，提升学生的科学素养。基于课程标准的要求，同时由于生物学与化学知识的联系非常密切。因此，关注生物学与化学两门学科知识的内在联系尤为重要。为此，市西中学特开设了一节生物化学的跨学科教学课。

学生在日常生活中经常看到各类的水生植物，于是便设计了一节探究水生植物生长情况变化与对水质的影响的跨学科教学。

这节课的教学内容主要是利用无菌的水对水生植物——水葫芦进行培养。在正式教学之前，这个水生植物已经培养了一段时间。在正式开课的时候，生物组和化学组分别在两间教室内开课，其中生物组研究的是绿色的植物在培养一段时间后，植物的叶绿素、透光率、纤维情况是否发生变化，让学生按照这几个指标进行化验；化学组研究的则是：培养水生植物的生长周期内的水，在经过这一段时间后，其水质是否发生了变化，让学生对水质进行检测。上课时，两组同学同时测量，并且根据信息通信技术将课程进度、实验情况进行及时的沟通汇报。使得化学组的同学，虽然没有参与生物组的实验，但是也及时了解到了生物组的实验情况，同时也使生物组的同学在没有参加化学组实验的情况下，及时了解到了化学组的实验情况。

本节课，他们选择了一个与学生日常生活非常接近的主题，并且在化学老师和生物老师的合作下，顺利地完成了一次跨学科教学。通过研究一个主题下两个不同学科间的测量讨论，并将学科间的测量结果及时互相通信，让两个学科各自的实验结果可以为对方提供参考，学生也积极参与，通过一节课的实验，学习了水生植物的自身情况变化以及对水质所产生的影响。

【案例6.4】"一带一路"

教学实践中，以"一带一路"为主题构建政治、地理跨学科融合课程，能够让学生从政治、地理与现实的视角和跨学科角度正确认识和综合分析"一带一路"的相关问题。

在教学活动中，教师将本节课的大主题分解为两部分，由政治老师向学生讲解在"一带一路"背景下，各国之间的政治、经济、文化形式对"一带一路"问题的影响，再由地理老师带领学生从地理的角度，引导学生分析"一带一路"沿线的自然景观、气候差异及经济发展水平差异，感受"一带一路"沿线国家相同自然环境下人文景观的不同。

在本节教学中，通过两位教师的合作，巧妙地将历史知识与区域地理知识进行整合，将"一带一路"沿线国家自然和人文地理要素串联起来，揭示"一带一路"政治背景和经济背景。学生在本节跨学科教学中，梳理"一带一路"的过去，分析"一带一路"的现实意义，畅想"一带一路"的未来；从空间分异性认识"一带一路"沿线事物的分布、关系和发展变化过程，学会运用综合思维分析和解决问题。

在地理学科教学中融入政治学科知识，可以提升学生思维的深度和广度，促进学生全面、深刻地理解知识，助力学生素养的提升。加强地理、政治学科之间的整合，使学生构建完整的知识体系，优化学习思维方式，学会从多学科、多视角、多维度来分析和解决问题。

当今社会，受知识经济和科技发展的影响，跨学科教学已成为大科学时代教育发展的主要表征。诚如英国社会学家迈克尔·吉本斯指出："传统学科之间的边界逐渐模糊淡化、消失殆尽，衍生出新型超学科的抑制性的知识体系。"跨学科教学要求打破原有学科范式壁垒，扩大专业口径，推动高度交叉性与综合性的课程体系建设。

跨学科教学应该体现学科研究和知识的发展特征。跨学科教学可以将某一学科基础知识与另一学科研究领域相结合，为课堂教学提供载体和路径，丰富课程内容，解决了单一学科不能满足学生探求知识创新发展的问题。这个过程中，是教师通过围绕学生共同认为有价值的问题来组织课程，符合学生年龄的整体认知特点和相关学科发展的综合化走势。跨学科教学需要立足于基础资料、基本知识的学习和积累能力的培养，有利于培养学生的多元思维能力和创新能力。

市西中学的科技创新教育，以提高学生素养为目的，以培养学生的创新精神和实践能力为重点，开展了丰富多彩的教育活动，注重活动的普及性和参与性，体现了学生的自主性和合作性，突出了活动的探究性和体验性，在这个过程中营造了热爱科学、崇尚科学的文化氛围，取得了初步的教育成果。

科技创新教育提高了学生的科学素质，帮助学生形成了初步的科学态度和科学精神，增强了学生的观察能力、想象能力和创造思维能力。通过种类多样的特色课程学习，学生在这个过程中掌握了基本的科学探究方法，养成了良好的科学习惯，树立了崇高理想。

第三节　学长制教学

一、学长制教学诠释

学长制与个别化导师制相伴生，在科技教育中老师、学生经过双向选择形成混龄团队后，学长制也就相应产生了。

1. 学长的产生

在导师结对学生混龄团队中，高一年级的学生自然就是低一年级学生的学长。中间年级的学生既可能是学长，也可能是接受学长指导的学弟学妹。整个团队学生相互关心、相互帮助，形成和谐的家庭式团队。学长在个别化导师指导下履行自己的学长职责。

2. 学长的职责

（1）躬先表率，成为榜样。学长在团队内必须在多方面起到良好的表率作用。特别是在行为习惯、学习习惯等方面。

（2）主动沟通，答疑解惑。学长要积极主动，热情帮助团队低年级学生尽快适应新的生活和应对学习上的挑战，及时了解关心他们对学校管理、学校活动、学习方法等方面的困惑。比如，在课题研究等方面要积极主动，及时与低年级学生开展交流和分享。

（3）牵线搭桥，凝聚团队。学长要以导师为核心，配合导师建立起团结、友爱、互助、有凝聚力的团队。

（4）及时评价，定时反馈。学长要按照要求，完成对团队成员的评价，并且将团队成员和团队的情况，及时反馈给导师，帮助和支持导师做好管理工作。同时也要定期开展团队交流活动，让团队成员增进交流，了解不足，及时改进。

（5）热心组织，勇于担当。学长要勇于承担起带领本团队参加以导师团队为主的各级各类活动和竞赛的职责，做好宣传和组织工作，并成为其核心主力。同时学长也要以"过来人"的身份，鼓励动员团队成员参加各种形式与内容的主题活动和志愿者活动，带领团队成员丰富社会实践经历，共同成长为有着优秀综合素质的青年。

3. 学长管理

（1）导师直接管理，导师加强对学长的指导、管理与评价。

（2）建立学长工作记录册，可以是纸质的，也可以是电子化的。

（3）建立学生团队互评制，对受到好评的学长，及时多渠道表扬鼓励。

4. 学长的评价

（1）学长工作等第分为：优秀、良好、合格、不合格。

（2）评价方式以学长自评（30%）、学生互评（40%）、导师评价（30%）组成，总分100分。

（3）每学期评选2—3名"优秀学长"，由导师和混龄团队学生推荐、项目管理组确定。

附件：学长、学生和导师评价表

学长自评（30%）

（1）小结：5分

(2) 工作手册：15 分

(3) 培训和交流：10 分

表 6-1　低年级学生评价表（40%）

序号	内容	得分
1	学长能积极主动、热情耐心对我进行帮助和指导	完全同意：8 分　同意：6 分 基本同意：4 分　不同意：2 分
2	除了学业，学长还在其他很多方面给予我积极的帮助	完全同意：8 分　同意：6 分 基本同意：4 分　不同意：2 分
3	学长会与我定期交流，且交流时间充裕	完全同意：8 分　同意：6 分 基本同意：4 分　不同意：2 分
4	学长对我的帮助和指导，让我受益匪浅	完全同意：8 分　同意：6 分 基本同意：4 分　不同意：2 分
5	学长是一个以身作则的人，是我的好榜样	完全同意：8 分　同意：6 分 基本同意：4 分　不同意：2 分

表 6-2　导师评价表（30%）

序号	内容	得分
1	该学生能积极主动、定期与我沟通交流	完全同意：6 分　同意：4 分 基本同意：2 分　不同意：1 分
2	该学生能认真完成我交办的任务	完全同意：6 分　同意：4 分 基本同意：2 分　不同意：1 分
3	该学生能认真参加培训	完全同意：6 分　同意：4 分 基本同意：2 分　不同意：1 分
4	该学生能详细认真地完成工作手册	完全同意：6 分　同意：4 分 基本同意：2 分　不同意：1 分
5	该学生是我的好助手	完全同意：6 分　同意：4 分 基本同意：2 分　不同意：1 分

二、学长制教学意义

"学长制"根据"一生一学长,一学长多学生"的原则产生,在市西中学的科技教育社团中应运而生。学长和学生共同决定每周活动的时间、地点、内容、方式。

活动主题内容极其丰富:有对低年级学生常规教育,如学校生活适应课程、自习管理、时间管理等,也开展学科微型讲座、微型课堂等,或进行科技探究活动,遇到重大活动时(科技节、科技比赛)还做专门培训指导。学长也可根据结对小组成员的性格特征与兴趣爱好,展开相应的活动,也可在确保安全的情况下,利用课外时间,进行社会实践考察或其他科技体验活动。

每位学长帮助低年级学生解决在全新的环境中所必然面临的各种学习、生活的困难。对低年级学生进行引导,尊重学生,发扬民主,对低年级学生既严格要求,又热情关爱,耐心帮助。同时学长也应严格要求自己,这样的指导过程,更是一个自我发展的过程。

三、学长制教学案例

【案例6.5】帮助学弟学妹寻找自己的"彩虹"

《环境化学实验探究》这门课程的设计初衷是针对化学实验感兴趣、有一定的钻研精神和动手能力的学生而设计的,这门课程的实施,不仅有教师参与,同时也邀请了部分高三的学长共同参与,提供了学生互教互学、共同发展的个性化选择空间。

在学生对实验室的仪器有了基本了解之后,学长们将本学期的实验内容进行了展示,学弟学妹们则可以根据自己的兴趣,任意选择模块进行实验。虽然学长们已经有既定的实验方案,但是他们并没有直接提供实验方案，只是提供了实验方向，如空气中颗粒物含量的测定，实验中碘含量的测定等。学生们可根据自己感兴趣的方向选择仪器和实验内容。

小朱同学根据实验室现有仪器紫外可见分光光度计，结合不同模块方向（如生活环境模块），经过初步查找资料（课上学生可以使用手机作为学习工具，随时查阅相关资料），提出了分光光度计测定食盐中碘含量的想法。

学长们听取了小朱同学的想法，要求他根据目前的已有知识体系进一步进行知识梳理，同时提出了食盐中为什么会有碘的问题，并引导他思考，碘有什么作用？基本用途和作用有哪些？然后，再进一步提出为什么食盐中要加碘的问题。

针对学长们提出的问题，小朱同学开始了资料的查询与分析。

上海靠近海边，日常食物中如海鱼、海虾、海带、海苔等，已经包含了身体所需的碘元素，而中国的内陆地区，不能常常食用海鲜，身体容易缺乏碘元素而造成甲状腺肿大，因此国家规定，这些地区可以通过食用加碘盐来补充碘元素。

经过学长问题的启发，小朱同学明白了食盐加碘的目的和意义。但是如何进行食盐中碘含量的测定呢？尽管这个问题有很多方法可以解决，但小朱同学最熟悉的方法则是碘量法滴定，因此他放弃了分光光度法而选用了碘量法。

碘量法的测定进行得很顺利，但学长们的问题并没有结束：分光光度计的测量原理及使用方法又是怎么回事呢？在学长们的指导下，小朱同学再次进行了资料学习并准备了PPT，他向大家展示自己查阅资料并理解的分光光度计的工作原理、注意事项、适用范围等，虽然他并不理解很多操作步骤具体是什么意思，但学长们不仅为他补充了对某些问题的解释，还引导他与其他同学互相提问讨论，进行交流互动。这样的思维碰撞，难以回答的问题出现了，小朱同学自己没有想过的问题也出现了。他决定下课后继续查找资料，争取解决同学们提出的问题。

下课后，小朱同学通过查阅资料、和学长们进一步的交流，对相应问题又开始了研究。并在学长们的指导下，进行了实验探究。小朱同学与其他两名同学合作，经过反复的对比、校正，减小了实验误差，做出了一条近乎完美的实验曲线（误差极小），为这些问题的解决画上了完美的句号。

【案例6.6】以老带新、互帮互学

——市西中学F1赛车实验室里的故事

F1 in Schools 项目是在英国举办的国际大赛。该项赛事包括了工程类的内容，如赛道设计、赛车3D打印、液体动力系统安装调节、发令计时系统的电器安装、25米赛道上的模拟比赛等；包括了语言类的内容，如全英语答辩，包括设计答辩、制作答辩、活动答辩等；包括了社会类的内容，如社会宣传、社会募捐、广告赞助等；包括了财务管理的内容，如各项经费的来源及总额度、分项开销额度及必要性、是否最佳消费、财务管理制度等；还包括了团队精神的要求，如设计团队、工程团队、宣传团队、保障团队的基本情况等。与国内诸多赛事相比，F1在校园项目，对于学生培养的内容、要求、方法、真实性等，都有着其独到的特点。它从赛制上鼓励学生尽早去接触社会。赛制规定，比赛的所有费用都应该由学生自行承担，鼓励学生用市场营销的方法，找到企业或个人捐赠赞助资金。这对于不太重视经济运营的国内中学生而言，是一个巨大的考验，为此，2015年5月市西中学引入了该项目，开始建设了相关的 F1 in Schools 实验室，同时成立了第一支车队。

经济命脉是整个车队维系及发展的最重要保障，也是摆在车队经理和主管市场营销的市场经理面前的第一道难关。营销这个难题，对没有经验的学生来说，最容易想到的方法就是从工博会网站上搜集各企业市场部经理的联系方式，并群发邮件询问目标企业负责人。而首次精心编辑的营销邮件在群发后几乎没有任何回复。偶尔收到一封回信，初始让全队欣喜若狂，而当车队经理兴冲冲回复跟进邮件后，便再无任何回音。这种结果，对于车队来说，不能不说是严重的挫败。

得而复失的感觉一次又一次地重复着，逼着学生们开始了经验总结和反思，必须去修正自己的营销方法。他们在社会实践经验较为丰富的学长的带领下，仔细分析了和企业的共赢点，还分析了企业的社会关注和我们自己的优势，以及我们能为企业带来什么。两周后，车队终于获得了第一笔赞助。后期的良性循环使学校的四支F1车队，在两年内筹措资金超过了15万人民币，学生们成功地迈开了第一步。

车队的"工程师"碰到的最大阻碍就是陌生的数控机床的使用。赛事官方提供的范例数控机床使用方法视频，演示的是赛车左右双面的雕刻方法。"工程师"发现，双面雕刻在零点校准有不可避免的偏差，左右车身会呈现明显高低落差。这种左右不完全对称的车身，会对赛车的速度带来很大的影响。为了解决这个问题，两位"工程师"请来了已经在上海交通大学深造的学长，花了一周的时间，终于成功试制出了上下雕刻方法。这个工艺上的进步，大大提高了赛车的制造速度和制造精度。经过两周的试车，最后定型的赛车，终于跑进了1.1秒。

随着这一难题的突破，车队的"工程师"又在学长的带领下，利用暑假专程来到上海交通大学自动化专业求教取经，改进了数控机床的固定件，以分度盘辅助雕刻彻底解决了零点校准偏差的问题，另外还对这台机床的模具和刀头进行了改装，使之在雕刻制造复杂的零件时，做到实用与便捷。

也许是F1比赛的魅力的影响，大赛之后我们的学长们又萌生出了利用CNC数控机床多样的制造能力，自行制造一台小型涡轮喷气发动机的想法。曾经，在没有这台数控机床之前，自行建造零件组装涡轮喷气发动机几乎是一件不可能完成的事情，然而有了这台机床后，新的创意诞生了。学长们还请来了上海交通大学的老师，和学弟学妹们一起开始研究，使这一难度极大的目标，最终在学生的努力下一步一步地向着成功的方向迈进。

CNC 数控机床的使用是这样，3D 打印机的使用是这样，车身聚氨酯材料的切削与雕刻是这样，鼻翼、尾翼、后轮的加工也是这样。

学长们的智慧和经验，为车队的创意和突破，提供了良好的平台。在学长们的精心指导下一次次拍摄、一次次分析赛车轨迹、一次次做对称性测量、轮距半径的微调、车身的减小阻力加工等。赛车的每一处改动，都是学长与车队成员们在一个又一个的通宵达旦中努力来的。正是这样的精神，使我们的学生团队成功打磨出了一台速度令人满意的赛车，并斩获了中国代表队在国际比赛上的第一个奖项。

现在，学校的 F1 车队分工明确，项目中的以老带新、互帮互学、团队奋进，已经成为市西中学创新实验室课程教学的典范。

【案例 6.7】学长引领的教学新模式

"探究影响光合作用的因素"，是我们在实验室为学生安排的一个实验，而这个实验又是教师特意安排高三学长们带领同学来完成的。

高三的学长们曾经实践过这一内容，也有着自己的体会和经验。他们在老师的指导下设计了本节课的教学方案。

在了解和掌握真空渗水法的基本原理和操作过程的基础上，加强研究性内容的学习，加强学生设计实验和改进实验的学习，体验学以致用和科学应用的思想。教学设计分解成下列的步骤：第一次设计→交流评价总结→第二次设计→交流评价总结→实验探究，也即先呈现原有认知结构，建构新的认知结构，最后呈现新的认知结构，并以问题引导开始了教学指导。

学长：我们前面已经学习了光合作用的理论知识，大家还记不记得，影响光合作用的环境因素有哪些？（光照强度、二氧化碳浓度、温度等）

学长：生命科学是一门实验科学。以光照强度为例，我们能通过什么方法让其对光合作用有所影响呢？

讨论：根据学长给出的问题尝试初步设计相关实验。

学生交流：小组代表交流。

学长：这样的设计有没有问题？能如何改进？

讨论：学生尝试分析设计的不足之处，开始体会实验设计的要求。

指导：学长结合学生的问题分析实验设计的三个关键变量，帮助学生初步了解实验设计需要关注的几个要点。

学长：刚才的分析讨论中，我们已经认识到实验设计中无关变量的控制对于实验结论的科学性有着至关重要的影响。如何更有效地控制无关变量？

播放：PPT介绍真空渗水法的基本准备过程。

问题：利用处理过的叶圆片，我们能对设计进行怎样的改进？

（学生结合前面介绍的实验设计要点，利用叶圆片进行第二次设计）

交流：学生小组代表发言。

设计：得出合理的实验设计。

操作：学生开始实验。

设计：等待结果过程中学生尝试设计实验结果记录表。

处理：对实验结果进行数据记录、数据分析，得出结论。

学长：如果需要更精确地定量测定光照强度对光合作用强度的影响，可以怎么做呢？

延伸：相关传感器作用及资料查询。

最后在学长的带领下,学生们的设计取得了一定的效果,也有了充分表达自己观点的机会,气氛十分活跃。但是更关键的,则是学长们利用自己的经验,特别关注了实验设计的原则,并在实践中,尝试了应用知识解决新的问题的过程,不仅实现了学生学习方式的变革,也使高三的学长们对已有知识有了进一步理解。

这三个教学案例充分体现了"学长制"教学旨在通过"以大带小"的方式,让高年级同学担负起帮助和指导低年级学生的责任,实现学生间学习上的自助、成长中的互助,形成高低年级学生间在多方位交流交往中的良性互动、科技教育上的创新,提升学科的综合素养。

第七章

保障——科技教育与组织管理

学校的管理是教学秩序、教学质量提升的保证，也是教师专业化发展、学校整体发展的保证。在当今新形势下，学校的组织力是否提升，组织体系是否严密，对于促进学校科技教育发展至关重要。市西中学有序的管理制度为科技教育的提升起到了坚实的保障作用。

第一节 加强组织建设

近年来，在开展科技教育的实践中，市西中学形成了学校科技教育工作的机制，加强科技教育团队建设，突出精准施策，加强规划和系统布局，健全分类支持体系，着力优化管理结构，强化团队建设，有效促进了科技教育的全面推进，切实增强了学校科技教育的生机和活力。

一、组织管理机制

市西中学在"十三五"规划中明确提出：通过科技教育，培养青少年良好的科学态度，提高学生的科学素养，培养学生的创新精神和实践能力；还在《创建示范性、实验性高中的规划》、年度工作计划、德育工作计划等年度计划中设计了科技教育的内容，制订了每学期科技教育计划、学校科技节计划、科技专项活动计划、科技活动和教室建设计划等，使得科技教育的开展得到了可靠的保证。

在开展科技教育的进程中，学校始终强调必须全面理解科技教育的意义，既要看到科技教育是学校教育工作的一个组成部分，更要看到它具有的突出的教育功能。

1. 科技教育培养的是青少年学生的科学素养，奠定的是明天中华民族科学腾飞的基础，体现了党和国家对青少年一代的希望和要求，体现了社会发展、时代进步对青少年一代的希望和要求。作为教育实施的中小学，开展科技教育是我们应该肩负起的历史责任，也是我们对民族、对社会、对人民高度负责的作为。

2. 科技教育是落实素质教育的极好抓手和载体。科技教育重点强调了创新精神和实践能力的培养，强调了科学精神和科学素质的培养，强调了科技活动中青少年学生意志品质的培养，不仅构建了素质教育可以操作的内容，还从教育的手段方法、学生活动模式、学校形成特色等不同层面上形成了对素质教育的支撑。

3. 科技教育将促进学生个性的发展，发展学生的兴趣特长，特别是科技活动的实践，更为学生想象力、创造力的绽放，搭建了不可替代的舞台。

市西中学还确定了科技工作的基本思路：科技教育要纳入学校整体课改和教改计划中；要和学校的课程建设和课堂教学改革相结合；要融于基础型、拓展型和研究型课程的教学中；要融于学生自主发展的活动中；要融于学校发展、教师专业化发展的过程中。为此学校成立了校长直接领导的科技工作小组管理机制（见图7-1），并严格贯彻执行。

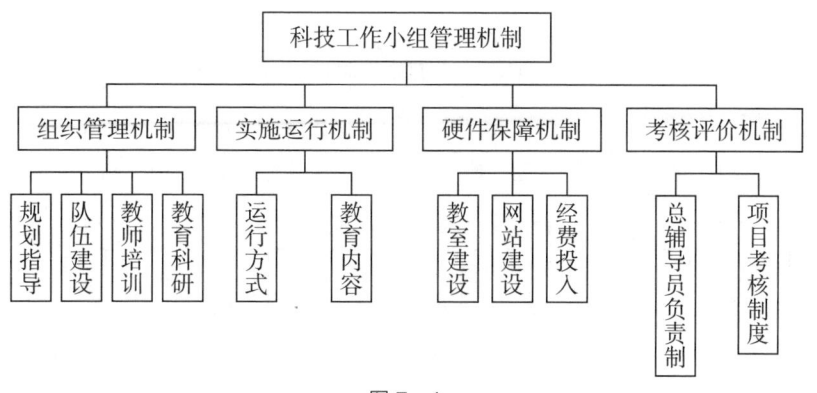

图7-1

二、总辅导员负责制

市西中学在教育管理处统一计划下,实施科技总辅导员负责制,是科技课程实施的又一个举措。在科技总辅导员设计下,合理安排课程内容,组织各种活动,保证科技课程的计划性、有序性,才能真正地落实课程的方案(见图7-2)。

科技教育中容纳了诸多项目计划,采用项目负责制,则是科技课程实施中的另一个举措。

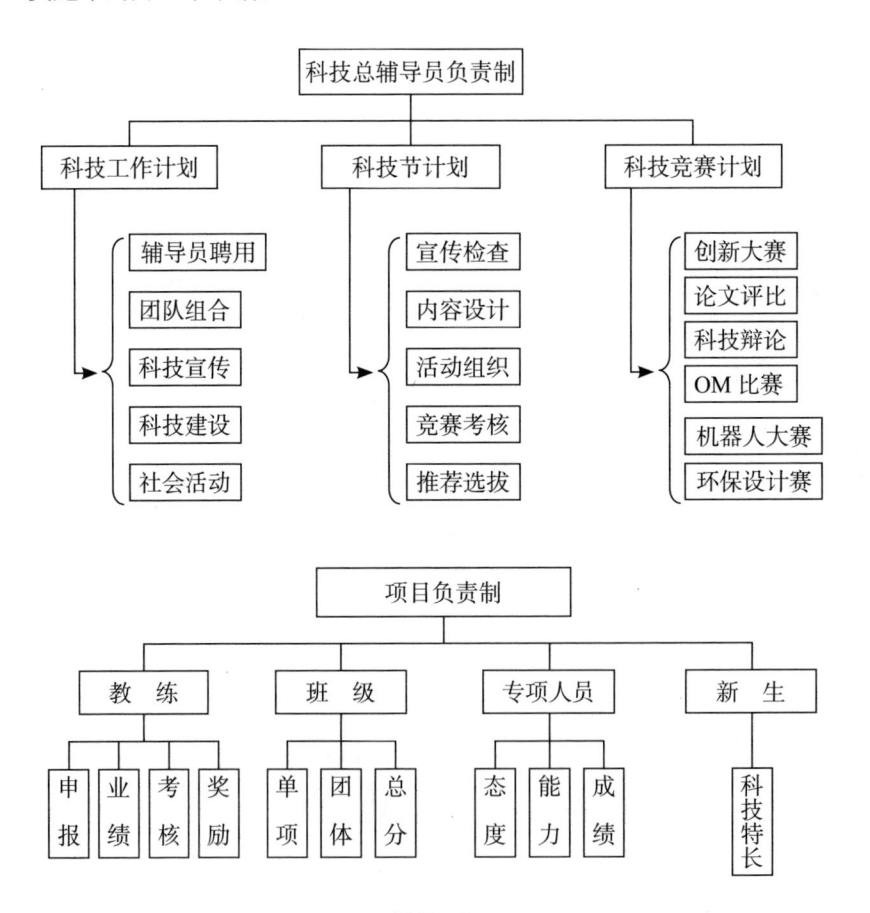

```
科技总辅导员负责制
├── 科技工作计划
│   ├── 辅导员聘用
│   ├── 团队组合
│   ├── 科技宣传
│   ├── 科技建设
│   └── 社会活动
├── 科技节计划
│   ├── 宣传检查
│   ├── 内容设计
│   ├── 活动组织
│   ├── 竞赛考核
│   └── 推荐选拔
└── 科技竞赛计划
    ├── 创新大赛
    ├── 论文评比
    ├── 科技辩论
    ├── OM比赛
    ├── 机器人大赛
    └── 环保设计赛

项目负责制
├── 教练
│   ├── 申报
│   ├── 业绩
│   ├── 考核
│   └── 奖励
├── 班级
│   ├── 单项
│   ├── 团体
│   └── 总分
├── 专项人员
│   ├── 态度
│   ├── 能力
│   └── 成绩
└── 新生
    └── 科技特长
```

图7-2

项目负责制既是项目实施的分解，也包含了对项目负责人的考核要求。现在参与科技课程教学教师的常态教学状况和业绩的考评已经纳入了学校对教师的考评指标中，对班级和学生的考评也已纳入了针对学生的评价体系中，科技特长的初中毕业生也进入了学校自主招生和特长招生的范围。

从学校现有支持科技教育的管理机制看，不论是怎样的制度，如科技总辅导员制、项目负责制等，构建有利于学生成长发展的良好制度环境，以创新和完善分类管理、分类评价机制为突破，为创新型人才培养建设奠定了厚实的基础，这一系列管理制度，可以深挖学生潜力，激发他们的创新活力，在实践中培养一批又一批富有创新精神和浓厚学术兴趣、科学素养高、充满创新活力的科技创新生力军。

三、完善管理制度

随着时代的发展，学校不断健全管理机制，深化科技发展机制改革，完善创新型科技人才发现、培养、激励机制，强化了科技教育保障的要求，强化了培养创新型人才的理念，也是回应国家对未来建设强化科技创新发展使命需求。

1. 实验室学习管理制度

创新实验室是市西中学学生进行各种科技活动和课题研究的重要场所，必须通过规范有序的管理，才能确保实验室设备运行状态的良好，以及学生的人身安全，为学校科创教育活动的开展打下良好的基础。

市西中学制定以预约制为基础的实验室管理制度，师生使用创新实验室必须经过该室管理人员同意。学校也重视信息技术教育与科技教育相结合，依托"市西智慧校园网"，已全面实现各类课程网上选课、预约、记录和评分。学生通过学校的"智慧校园网"平台预约申请，填写相关表单后，在经过管理员的同意后，方可进入实验室；学生使用创新实验室必须在相关指导老师全程陪同下进行；严禁将实验室设备、药剂等带出实验室。如确实需要，必须由指导教师提交书面申请，经该室管理人员审核并报上级领导批准后方可外借。以上这些制度，不管是对教师还是学生，都一视同仁，必须严格遵守。如果违反，视情节轻重，给以相应的处分，包括赔偿财产损失、停止使用权限以及上报校方等。通过这些措施，才能保证科创活动能够平安有序地顺利开展。

2. 科技竞赛的奖励制度

市西中学将科技教育纳入整体工作考核内容之一，教师的科技教育成绩作为业务考核、职称评聘的依据之一，并设立"力行"奖学金、奖教金和夏婉锦奖学金等奖项，每年定期表彰科技教育中表现优秀的教师和学生。

学校在上海市慈善基金会静安分会下特设"好学力行奖"专项基金，用于奖励在理科、科技等方面获奖的学生和指导教师，对全体师生积极投身教育改革，成为全面而有富有个性的卓越人才，起到了很大的鼓舞作用。

夏婉锦科技创新奖学金，于2016年9月20日由1960届5班校友夏婉锦女士向市西中学教育发展基金会捐资人民币12万元设立，为学生个人或团体奖项，专门用于奖励在市级及市级以上科技创新竞赛中获奖的在籍在校学生及学生团队。夏婉锦校友作为一位长期从事专业技术工作的工程师，具有深厚的感恩母校、激励学生创新的精神与情怀，因此捐资设立"夏婉锦奖学金"，激励市西学子在科学创新、工程制作等方面取得更多优异的成绩。到目前为止，已经历了4届，所受奖励的科技教师和学生有近百名。

3. 微型讲座制度

市西中学从2012年9月开始，每学期为学生安排100多场微型讲座，努力为学生打开兴趣之门。世界是丰富多彩的，学生的兴趣常常开始于对某一事物的了解过程中，学校通过讲座的概要介绍，为学生未来的选择和兴趣的培育提供可能，并关注学生思维能力、研究能力、分析能力、沟通能力的提高。讲座的主题不限、内容不限、时间长短不限，每周都有两次以上，学生们可以根据听讲对象的要求，进行预约、选择性参加。例如微型讲座的第一讲，就是华东师范大学教授对现行理化教材的质疑，尽管学术问题可以讨论，但学者的批判性思维的方法，给学生留下了深刻的印象。2012年9月19日，文汇报以《微型讲座：提供了个性化教育》为题，还专门报道了这一课程。

学校聘请做微型讲座的报告者有著名的学者、教授，也有机关、企事业管理人员，有校友、学生家长，也有市西的教师，甚至还有市西在读的学生，如1960届校友张操先生微型讲座《穿越时间可能吗？——兼谈交流电的速度》；1967届校友李雨农先生微型讲座《图说中国航空工业》；1967届校友郁竑先生微型讲座《橡皮头铅笔启示成就百亿产业》。这样广泛的报告，为学生提供了非常广阔的视野，有利于强化学生兴趣爱好的形成，并引导更多的学生培育学习兴趣和爱好，提高综合素养，使他们具有"大胸怀、宽视角、活思维"。

第二节 教师队伍建设

学校发展，教师为本。正如任正非先生指出的"让优秀的人才，去培养更优秀的人才"，科技教师的素养和能力，关乎科技教育品质。面向未来的现代学校，一定要重视教师队伍建设。上海市市西中学作为一所具有鲜明"海派"教育特质的传统学校，从1870年以来，在首任校长赵传家先生提出的"好学力行"校训引领下，始终重视教师队伍建设。近年来，围绕"从优秀走向卓越"的发展愿景，学校以建设具有高远境界，有理想、有思想、有素养的教师团队为目标，采取了一系列的举措，并取得了一定的成效，有力推动了教师专业素养和能力。在科技教师的培育上尤为突出。

市西中学通过分类培育，建立科技教师梯队培养机制，全方位提升科技教师学历、职称、师德素养、教育与科研水平，同时优化两线职工激励机制，建立多元评价体系。通过系列专题培训、研讨、自我研习等形式，打造一支教育理念正确、专业技术精湛、教育管理能力娴熟的教师队伍，也积极发扬人才队伍建设的特点和优势，为区域新教师的培养和成长发挥引领与辐射的作用。

一、总体介绍

市西中学成立了校长直接领导的学校科技工作领导小组（见图7-3），建立了"科技总辅导员负责制"下的科技工作体系。在学校中，兼职聘任的科技教师有12人，但是参加科技教育的学科教师却有很多，他们通过教学活动、学生指导活动拓宽教育的范围内容，使科技教育的内容自觉渗入日常的教学工作中。

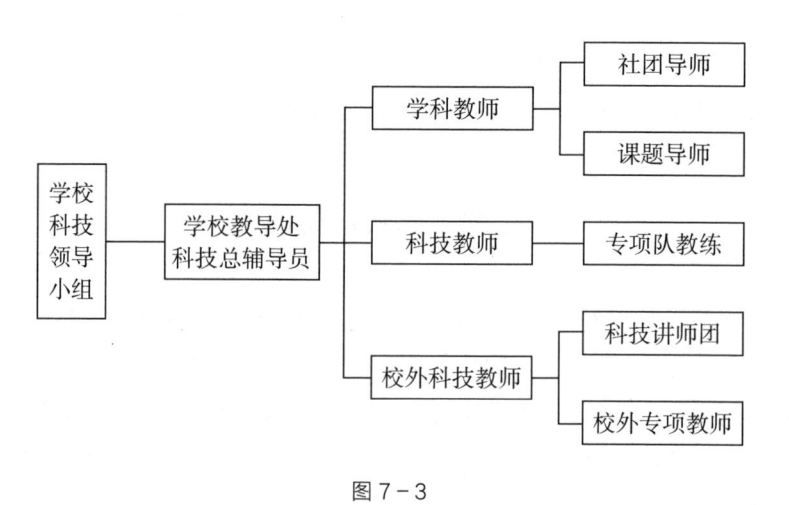

图7-3

目前学校参加各类科技活动社团的指导教师有近30人，参与科技类拓展型课程教学的教师有近30人，参与研究型科技类课程和学生科技课题指导工作的教师也有近30人，形成了三种不同类型的科技教育工作的指导力量。

学校还建立了校外科技辅导员队伍，聘请了上海市老科技工作者和部分科技人员担任学校的科技辅导员，构成完整的教师队伍体系。

二、科研引领

开展教育科研，促进科技教育的不断提高，推动高中生创新素养培育实验的进一步开展，也是学校科技教育实施的重要内容。

为了提高科技工作的水平，市西中学组建了由科技领导小组牵头、近 10 位科技教师参加的课题研究组，申报并立项了上海市静安区教育科研课题《科技特色示范学校发展和辐射功能的研究》的集体课题，对科技教育中的热点难点问题进行研究，并通过这样的研究活动，促进学校科技教育工作进一步的发展。

之后，学校又申报并立项了上海市教育科研课题《高中生创新素养培育——学生高阶思维能力培养的实践研究》，通过科技课程的功能、培养要素与学生"创新素养"的要素的对应，科技课程实施要求和学生"创新素养"培养目标的接轨研究，探究科技课程进一步的发展和提升，促进"高中生创新素养培育"实验的深化开展。

教师教育理念更新，聚焦思维发展，成为教师的行为自觉。教师积极投身科技教育改革，专业水平和能力不断提升，不断提升专业素养，关注学生差异和思维培育，提高教育教学质量，已成为全体教师的共识和常态。高阶思维的培育成为教师的关注点，教师以高阶学习活动和以问题解决组织教学的方式已广泛运用于课堂，成为行之有效的教学方法，体现以学生为主体的教育理念。

近年来，教师们多个研究成果获奖如下：

2013 年，课题组科技教育中培养高阶思维的论文《在能源探索中提升正能量》《让梦想成真的地方》被上海市课程改革委员会收录至《创新实验室里的时代脉动》中，由上海教育出版社 2013 年 5 月正式出版。

《高中生创新素养培育报告》《市西中学培养学生的专设课程》、《市西中学学科教学中的高阶思维培养》分别被上海市教委收录至《创新，开启未来之门》《创新，点亮智慧之光》中，并由上海教育出版社2014年4月、2014年12月正式出版。

2016年3月，专著《思维跃上高阶》由华东师大出版社正式出版。

2017年4月，专著《物理课堂故事——让思维跃上高阶的物理教学》由华师大出版社正式出版。

朱俊彬同志获首届"上海市防震减灾科普特色学校先进个人"。

王纪华老师获第5届青少年电脑机器人竞赛上海赛区选拔赛暨第2届上海市家庭机器人挑战赛优秀教师奖、上海市"明日科技之星"评选活动优秀辅导奖、第9届上海"航宇杯"静态比例模型比赛优秀辅导老师奖、第8届世界奥林匹克机器人大赛公开赛第一名。

林勤老师获上海市头脑奥林匹克活动奉献奖。

市西中学朱俊彬老师评为上海市头脑奥林匹克活动优秀教练、"地球小博士"全国地理科技大赛"全国优秀科技辅导员"称号。

金志琳老师获"地球小博士"全国地理科技大赛全国优秀指导教师一等奖。

李学明老师获上海市青少年"明日科技之星"评选活动优秀辅导奖。

钱晋老师获2017年中国WRO世界青少年机器人奥林匹克竞赛全国总决赛足球赛中学组优秀教练员奖。

王霄驰老师获2017年上海城市业余联赛——上海科技体育嘉年华系列活动静安区无人机室内飞行技能第一季公开组分站积分赛预赛第一名。

边懿君老师获 2017 年上海市青少年电子制作活动优秀指导教师奖。

潘杰峰老师获 2017—2018 年度头脑奥林匹克贡献奖。

王巍老师获上海市青少年"明日科技之星"评选活动优秀辅导奖、第 9 届"赛复创智杯"上海市青少年科技创意设计评选活动学校优秀指导教师。

张晓萌评为第 9 届"赛复创智杯"上海市青少年科技创意设计评选活动学校优秀指导教师。

三、校外培训

学校还积极组织教师参加各种市、区开办的科技内容的教师培训活动。如：TI 技术、网络技术、单片机技术、多媒体制作、环境保护、生物实验、2049 课程、机器人技术、OM 进修、DIS 技术等，以及各种涉及科技理论、科技知识、科技实验的培训内容。据不完全统计，截至目前，学校参加包含科技内容培训的教师已经超过了数百人次。

【案例 7.1】无人机师资培训[①]

市西中学非常重视利用校外资源对科技教师进行必要的培训。以无人机实验室为例。2016 年起，学校开始建立无人机实验室，陆续添置了从入门级到高端的多个类别的无人机设备，并开设包括多旋翼无人机结构探究、无人机飞行技术、无人机航空摄影应用等一系列无人机拓展课程及社团活动课程。

为了配合无人机实验室课程的开展，除了增添相应的设备之外，最重要的就是无人机课程师资队伍的建设。为此学校特地为相关教师报名

---

① 本案例由钱晋老师提供。

参加中国航空运动协会（ASFC）教师培训班及相应的无人机等级考试。培训总共4次，涵盖无人机理论知识、法律法规、模拟器训练、实际飞行器操作训练等多阶段、全方位的培训，共有两名科技教师取得了无人机飞行执照，为无人机的拓展课程教学以及社团活动的开展，打下了坚实的基础。

ASFC无人机教师培训班课程安排

第一次课程

课时：2小时

课程内容：

1. ASFC无人机证照体系介绍

2. 无人机模拟器介绍及安装指导

3. 无人机培训器材领用

第二次课程

课时：2小时

课程内容：

1. ASFC无人机取证实操考试动作模拟

2. 无人机模拟器训练

3. 无人机训练机使用技巧

第三次课程

课时：2小时

课程内容：

1. 无人机实操考试动作训练

2. 无人机教学拓展介绍

第四次课程

课时：2小时

课程内容：

1. ASFC 无人机取证理论考试模拟考
2. ASFC 无人机取证实操考试模拟考

【案例 7.2】《人工智能基础》教学培训[①]

在人工智能技术蓬勃发展的今天，市西中学积极响应《国务院关于印发新一代人工智能发展规划的通知》中关于"在中小学阶段设置人工智能相关课程"的号召，大力推进人工智能实验室建设与课程开发工作。市西中学参加华东师范大学国际慕课研究中心牵头的国内第一本《人工智能基础（高中版）》教材的编写工作，并以此为基础开设了人工智能的拓展型、研究型课程。为了尽快掌握人工智能这一前沿学科的相关理论知识、确保课程开设的效果和质量，学校选派相关教师参加了由华师大慕课中心与商汤科技有限公司开设的首届《人工智能基础》教学培训班的学习。

商汤科技是国内领先的人工智能专业公司，也是《人工智能基础（高中版）》教材的主编单位之一。编委会执行主编、商汤科技联合创始人、香港中文大学－商汤科技联合实验室主任林达华教授亲自率商汤 AI 培训师团为 40 所"人工智能教育实验基地学校"的老师们进行专业授课。通过为期一周的人工智能基础课程、人工智能实验平台、智能机器人等多方面的培训，以及最新人工智能技术的分享，帮助教师在快速有效地掌握教学内容和教学工具的同时，也更好地了解未来发展趋势，为下一阶段学校人工智能课程的开设打下了良好的基础。

《人工智能基础》教学培训班课程安排

日期

第一天　　开班典礼

[①] 本案例由钱晋老师提供。

	第一章	人工智能概览 & Python 基础
	第二章	经典分类
第二天	第三章	深度学习
	第四章	音频识别　自修
第三天	AI 竞赛介绍	
	第五章	视频理解
第四天	商汤智慧校园方案	
	第六章	聚类
	第七章	文章识别
第五天	第八章	机器创作
	结业典礼	

教育是为未来社会培养人才，教师应该具有前瞻性，不仅要思考社会的未来、教育的未来，也要思考学校的未来、自己的未来，这样才能更好地培育学生面向未来，走向未来。学校通过完善的队伍建设体系、加强科研目标引领，强调教师科技教育专业发展的主体责任，并以此引领自己的专业成长与发展，激发教师追求发展的内在动力，充分调动了广大教师投身科技教育实践与研究的积极性，发掘了教师教育创新的内在潜能，有力推动了教师的专业发展和学校的内涵发展。

第三节　整合教育资源

一、高校科技导师团的建构

"高中生创新素养培育"需要社会的支持，也需要高层次导师的引领。借助中国北京、中国台湾、韩国等地的经验，市西中学也在这方面进行了一些探索，现在已经形成了稳定的校外科技教师队伍。学校和上海复旦大学生命科学院、同济大学汽车学院、上海电视台大师栏目组、上海技术物理所等单位签订了联合培养协议，还建立了校外科技辅导员队伍，聘请了上海市老科技工作者和部分科技人员担任学校的科技辅导员（表7-1），参与学校的科技课程教学活动，提升科技课程的品质。

表7-1

姓名	职务
吴玖仪	上海市老科协科普教育委员会主任
李燮楚	上海市老科协科普宣传部副主任
张　辉	上海市老科协科普宣传部副主任
夏定海	创造学会上海教育支委秘书长
陈国虞	研究员［21世纪新材料（衣、食、住、行方面）］
吴宏金	高工（新材料技术——现代技术进步的基础）
徐秋水	高工（生命之水、西部开发、WTO等）
刘少华	高工（环保技术）
卢兆麟	高工（化工生产自动化）
顾新之	高级讲师（电厂发电）
陈式亮	高工（深力和深潜器）
朱　鋆	讲师（机器人）
楼连根	教授（航空母舰）
马国荣	研究员（航天科技）
费振翼	高工（汽车制造）
陈荣圻	教授（绿色织物）
郑曼丽	高工（信息高速公路）
马志尔	教授（WTO 光污染等）

实验项目开展以来，市西中学陆续同复旦大学中文系、复旦大学生

物系、同济大学汽车学院等单位签署了联合培养协议。

2010年9月，学校和基础物理研究所签署了联合培养协议。市西中学4个学生课题组的近20名学生带着自己红外遥感方面的课题来到了基础物理研究所，聘请博士生、研究员为自己的导师，开展了研究工作。

《青年理财》课程则聘请了肯德基专业人士来校讲学，并组织学生参加了中学生理财知识竞赛，成为上海广播电台和上海电视台专题报道的内容。

学校还和南京大学化学院建立了合作关系，参加了"百名教授进入中学课堂"的活动，聘请南大的教授开设了一系列讲座。

学校还邀请了上海交通大学、华东师范大学等教授，开设了"化学的昨天、今天和明天""信息工程展望"等一系列高层次讲座，为学生学科知识层次的提升、学科知识的应用拓宽了视野。

高校资源的开发利用，已经成为学校实验工作的亮丽风景。

二、区域科教部门的支持

市、区各级科教部门，会利用其丰富的科技创新资源，组织各种面向学生的培训。通过这些培训，中学生可以接触到包括专业机构、高校研究所、顶尖科学家在内的各种高层次科创资源，对于学生科创能力的提升有很大的益处。例如静安区青少年活动中心，每年都会定期推出区科技创新咨询月等相关培训活动。学校积极鼓励学生参与相关项目，利用市区丰富的科创培训资源，提升学生的科技创新能力，达到对校内科技辅导的补充。

【案例7.3】静安区（南部）青少年科技创新月课题咨询活动

每年下半年，为推动静安区青少年科技创新活动的深入开展，培育创新课题研究的科技特长生队伍，区青少年活动中心都会开展静安区（南部）青少年科技创新月课题咨询活动，聘请各学科的资深专家，对准备参加静安区和上海市科技创新大赛的课题项目组，进行专门的辅导，以帮助学生提高科技创新能力，完善自己的课题。市西中学积极组织学生参加该项活动，每年都有很多课题，通过咨询和孵化，得到了更好的完善和提升，在市创新大赛中取得佳绩。

从2020年起，为了让学生的创新能力和精神培养取得更好的效果，让优秀课题的孵化和培育更加长效规范，区活动中心将上海市青少年科学研究院静安分院2020级小研究员招生活动和区青少年科技创新月课题咨询活动合二为一。本次进入创新课题孵化活动的学生，同时也自动被录取为上海市青少年科学研究院静安分院小研究员。区少科院会对这些学生开展科学探究、参观考察、动手制作、创意论坛、社会实践等丰富的综合创新实践系列活动，进行课题咨询、孵化辅导、创新展评等个性化的学习指导，而不是仅限于对创新课题本身的指导。

通过这样的方式，对于学生的创新意识和创新能力的培养，更加有计划，更加系统。入选的学生更可以进一步申请成为上海市青少年科学研究院的小研究员，有机会进入大学的实验室和工作站进行课题研究和学习，在更高的平台上提升和成就自己。

三、整合社会资源

先进的、具有较高科技含量或较高的现代科技应用水平的课程，需要充分利用社会资源（如高校、研究所、相关企业等），在社会力量的指导或支持下进行课程开发，发挥其专业优势，结合自己学校的要求和教师特长，以学校为主体进行开发具有特色的创新实验室课程。例如，《物联网》课程包含：有线通信、无线通信、互联网通信、二维码编写、APP制作、物联网应用等模块。尽管这一课程开发初期，学校的老师先后开设过与之相关的"二维码制作""信号的编码解码""无线电遥控"等拓展型课程，但整体开发《物联网》课程，尚显得能力不足。为此，学校与中国电信联手合作，在学校主导下，由中国电信引进相关资料、介绍技术应用、提供核心设备，共同进行课程的研发编制，并取得了圆满的成功。大气环境监测实验室的课程也是这样开发建设的。

地震测报技术活动是在上海市和静安区地震局的关心指导下开展的活动。市西中学先后组建了学生测报队建设的地震测报、防震减灾专用教室，并和市、区地震局建立了资料交流与合作。几年来，学校通过组织学生参观市、区地震台站，参观地质博物馆、科技馆，观看地震防震减灾影视片普及防震减灾的教育。学校还先后开展了防震减灾的模拟演习、地震知识竞赛、地震科普谜语竞猜、为地震灾区捐款、聘请有关专家开展讲座等活动，提高学生的防震减灾意识。在各项地震及防震减灾竞赛中，学校已经取得了 8 项团体奖项、16 位学生获得了个人奖项，这其中有半数以上均为一等奖。

2004 年以来，学校还先后组织学生参观了佘山地震台、海洋馆、上海市环境监测中心、上海市废水处理站、垃圾处理站、科技馆、东方绿洲等科普教育基地，人数超过了 3000 人次。

实验室建设中，具有相同或类似实验室硬件条件的不同学校相互联合，各自发挥自己学校的优势，共同开发或二次开发课程，这也是创新实验室课程开发的一种模式。随着小学、初中、高中创新实验室课程的日益丰富，有助于项目的逐级延伸、人才培养链的打造。例如：市西中学的乐高机器人实验室是 1999 年建设的，其结构、程序、功能都有淘汰的可能。从静安区创新实验室看，三中心小学、西三小学、市西初中、五四中学、培明中学等，都开设了乐高相应的课程。为此学校并没有简单地对乐高实验室进行淘汰，而是通过区青少年活动中心，根据不同学段学生特点，经过校本化过程，更好地发挥实验室器材的作用，形成了"结构搭建—传动学习—动力配置—程序设计—智能控制"的课程学习序列，形成了"乐高系列—FTC系列—FLL系列—F1系列"相互融合的课程内容体系，既发展了原有的机器人课程，又形成了与小学、初中相互衔接、具有学校特色的创新实验室课程。

以购买服务的方式引进课程，是创新实验室课程开发中值得尝试的一种途径。由于企业在硬件和课程开发时对基础教育需求的调研，其中有一些质量是不错的。例如："乐高机器人课程"，不仅借鉴了国际上一些先进的教育理念，而且对不同学段、不同水平的学生，进行了课程的差别化设计。以购买服务方式引进的课程需要学校在课程实施中逐步对这些课程进行校本化、特色化、个性化的二次开发。二次开发包括对课程内容的调整与融合、性能的拓展延伸、功能的相互组合等，使引进课程真正成为具有校本特色的课程。

【案例7.4】学云铸增材制造，展车队增才之心

F1车队进行赛车模型设计的时候，3D建模和打印技术至关重要，可以说是设计理想赛车模型的关键所在。车队的同学们，尽管努力自学相关知识，但苦于没有实际经验，理解程度和实际应用的水平要取得突破非常困难。这时他们想到了陪伴车队从上海赛一直走到全国赛的合作赞助商——上海云铸三维科技有限公司，其公司在3D技术方面的专业水准和丰富的时间经验，恰恰是车队所急需的。车队带队老师立刻与云铸公司联系协商，获得了一次参加由上海市增材制造协会及上海市3D打印高技能人才培训基地在云铸三维举办的《高分子3D打印技术及应用》学习班的宝贵机会。

培训当天一大早，车队一行人便迫不及待地赶往云铸三维。第一节课由云铸三维的总经理李俊锋先生为大家带来了3D打印技术概论。

课程中详细地介绍了 3D 打印技术的发展历史、各类 3D 打印主流技术的原理、特征、优缺点以及 3D 打印在各领域的应用。这一节课让车队的队员们对于 3D 打印技术有了更加深入、全面的了解与认识。

第二节课，是由来自联泰集团的技术部经理李春汉先生带来的 SLA 3D 打印装备、材料与工艺。这节课系统具体地讲述了 SLA 技术的基本原理、特点、材料、设备、精度及效率以及其在各领域的应用。这节课解答了大家很多对于 3D 打印精度的疑惑，并学习了很多关于打印前后期处理以及打印时支撑等技术的知识。这一节课的内容同样充实、干货满满。

上午的最后一节课，来自华曙高科的左罗老师为车队的队员们带来了一节由浅入深的 SLS 3D 打印装备、材料与工艺。课程教授了各类关于 SLS 的技术特点以及关键，并通过实例，生动地为大家讲述了 3D 打印分件以及拼接、打磨等后处理工艺。

下午，车队一行人成功地与云铸三维的市场总监张恒先生见面，对于车队之前的合作进行了交流总结，并对未来的继续合作进行了沟通。之后张总监更是为车队请来了技术人员，替大家答疑解惑。

张总监还带车队一行人参观了云铸三维的展示长廊并带大家走进了生产车间。各类或精巧逼真或异想天开的模型让大家大开眼界，而参观生产车间也成为难得的体验。今天的最后一节课是由云铸三维的技术总监杨衍锟先生带来的 SLA 和 SLS 3D 打印技术在模型展示行业的应用。课上通过一个个具体的实例，让大家了解到了 3D 打印这门技术在模型领域的各种优点以及各种领域的应用。

就这样，充实的一天画上了句号。通过这次难得的学习机会，在专业人士的悉心指导下，让车队的工程师们对于 3D 技术有了更深的理解，为车队制作出更好的 3D 模型与实物作品，在全国赛和全球总决赛中取得好成绩打下了良好的基础。

【案例 7.5】携手商汤科技,建设人工智能实验室

在人工智能技术蓬勃发展,列入国家重大发展战略决策的今天,市西中学积极响应《国务院关于印发新一代人工智能发展规划的通知》中关于"在中小学阶段设置人工智能相关课程"的号召,敢为人先。在华东师范大学的牵头下,与商汤科技这一人工智能专业领域的领先公司紧密协作,建成了全国第一所面向高中阶段的人工智能(AI)实验室。

作为市西中学科技创新实验室平台的重要组成部分,该实验室配备有各种功能强大的实验设备,紧密结合国内第一本《人工智能基础(高中版)》教材的内容,为市西中学人工智能学科相关的校本课程教学活动、研究性课题的开展,以及人工智能科普活动,提供了全方位强有力的支持。

市西中学 AI 实验室分为互动体验区、编程教学实验室、硬件专用教室三大区域。

互动体验区陈列着包括人脸签到系统、基础能力监测系统、智能手机特效应用、人脸识别互动机等互动体验设备,以生动有趣的形式,让学生在互动过程中,体验当今最新的人工智能成果。例如人脸识别互动机(Face Recognition Interaction Machine),系统通过抓取人脸和动作照片,可以实时智能分析出嘉宾的性别、年龄、表情、颜值等属性。互动机还载有颜值 PK 功能,激发了学生们的兴趣。

在编程教学实验室中,配有 8 台性能强劲的电脑,装有商汤定制开发的深度 SenseStudy 学习算法教学实验平台。学生可利用其连接位于教室一侧的服务器机房,在 GPU 超算平台的支持下,在 SenseStudy 教学实验平台上完成《人工智能基础(高中版)》教材中的深度学习模型训练实验,做到理论联系实际。该平台还可用于学生自主研究创新课题,将 AI 技术用于其他创新领域进行实践。

在两个硬件专用教室中,载有各种现成的平台,目前已装载了机器

人、无人车、无人机等实验平台。学生们可以利用这些基础平台，进一步探索人工智能的应用，为学生发展奠定了坚实的基础。

在商汤科技这样的专业AI公司的支持下，市西中学人工智能实验室对市西中学人工智能学科的教育教学活动体系，起到了三个层次的作用。

首先，为人工智能的科普教育活动提供了良好的场所。实验室各种丰富的互动体验项目，能让学生在生动有趣的互动过程中，了解人工智能的基本技术原理，体验到人工智能丰富多彩的实际应用，激发和培养学生对于人工智能学科的兴趣爱好。

其次，支持人工智能校本课程的教学开展。实验室搭建的SenseStudy深度学习教学实验平台，让学生在进行人工智能理论学习的同时，能实验动手操作，做到理论联系实际，保证人工智能校本课程的良好教学效果。

再次，支持学生进一步的创新型研究活动。无论是SenseStudy深度学习教学实验平台的拓展研究功能模块，还是智能机器人、无人车、无人机等硬件设备，都为学生开展人工智能基础教材之外进一步的创新型研究活动提供了良好的平台，让学生可以将人工智能技术与理化生等各个学科，以及其他科技领域相结合，开拓新的研究方向，提高相关学科的研究效率，做出新颖的有价值的研究成果。

为科技教育注入了新的活力。教育制度的规范建立，教育资源的多元融合，旨在通过校企间协同合作，切实推进教育领域供给侧结构性改革，致力于构建协同、共生、共赢的区域性教师教育发展机制，合作开展教师科技教育建设、科技教育研究、科技人才培养、科技课程开发、科技教师技能培训等工作，推进优质教师的教育资源共建共享，为学校科技教育事业改革与创新提供咨询和服务，提升教师教育水平和教育发展能力。

第八章

科技教育与环境建设

校园文化是以学生为主体，以校园为主要空间，并涵盖院校领导、教职工，以育人为主要导向，以精神文化、环境文化、行为文化和制度文化建设等为主要内容，以校园精神、文明为主要特征的一种群体文化。它主要包括：以青年学生为代表的文化观念以及有所规范的学生特有的思维特征、行为特征和方式；学生课余生活中一切以群体形式出现的文化活动，如社团活动，其中最能体现校园文化本质内容的是校园风气或校园精神。

市西中学历来重视校园文化氛围建设，尤其是科技教育与环境建设，创办创新实验室、漫思实验室，积极为学生提供锻炼、成长的平台。

第一节　文化氛围的建设

校园文化活动是校园文化建设的主要内容，它融思想性、知识性、趣味性于一体，是对学生进行思想教育的有效载体，是对课堂教学的有效补充，是发挥学生主动性、增强学习积极性的有效形式。校园文化活动对于活跃学生课余文化生活，开发学生智力，陶冶学生情趣，完善知识结构起着不可忽视的重要作用。

校园文化包括的物质文化、精神文化集中体现了一所学校的发展状况、精神面貌、传统作风和理想追求等。近年来，校园文化建设成为各级各类学校现阶段贯彻落实立德树人的教育方针、实现新课程改革目标、彰显学校办学特色、提升办学品位的重要途径之一。

校园科技文化作为校园文化的一个最重要的分支，是以校园为主要空间，以学生为主体，以课内外科技教育文化活动为主要内容，以展现科技文化内涵为主要特征的一种群体文化。其文化内涵对于学生科学素养的提升，特别是思维能力、创新精神及创造能力的培养有着非常重要的意义。在中学阶段培养学生的科学素养，最重要的就是培养他们的科学意识和创新精神，培养他们探索科学奥秘的情趣和志向，培养他们观察、分析、操作的能力，以及不怕困难、积累探索、敢于攀登的意志和品格。

"高中生创新素养培育"是上海市 2010 年基础教育高中学段的一个重要实验项目。它既是学校办学目标、人才培养目标追求的体现，也是教育理念升华、教育观念转变的诠释。作为示范性实验性高中，市西中学也成为了这一项目的实验学校。一年多来的实践使市西中学对"高中生创新素养培育"有了更多的思考，也有了更多的体会。

不同于"创新人才"的培养，也不同于传统意义上的"资优教育"，"高中生创新素养培育"应该主要体现在四个方面。第一，人格。除了爱国主义和民族精神外，更多的是学生对待生活、对待科学的态度和未来发展的兴趣。第二，视野。对社会、对科学的了解和接触，能使学生在成长中有更多的选择，实现个性发展、特长发展、智慧发展。第三，实践能力，促进大脑开发的实践活动能力、问题解决能力、创新素养的执行能力，也是创新素养的外显标志。第四，思维能力。特别是高阶思维能力，它既包含了逻辑思维、批判思维成分，也包括了创造性思维的内容。

就高中生"创新素养"的这四个要素看，培育工作可以是多途径、多侧面的。譬如德育社会实践活动、艺术教育活动、课堂教学改革等。

但是科技教育则有着更为突出的优势,科技教育强调创新精神和实践能力的培养,强调科学态度和科学精神的培养,强调中学生意志品质的培养,强调激发中学生的兴趣特长,强调中学生想象力、创造力的培养,因此是中学生"创新素养"培育中极具特色的良好载体。

一、常规性科技氛围营造

环境建设对激发学生科技学习的兴趣起着潜移默化的作用。氛围就像是气候,科技教育好比种子,学生的心田是土壤,有了良好的氛围的烘托,创造精神与实践能力就能更好地在孩子们的心田中开花,结出丰硕的果实。

要提升学生创新素质,就必须重视科技教育,综合运用学校各项科教资源,健全机制,创设氛围,串联学科教学的科技教育,多渠道创新素质培养。

培养学生的科学素养是一个漫长的过程,不是听几堂科学课,参加几场科学活动就能够达成的,因此需要把校园打造成一个科技文化氛围浓厚的地方。校园生活是体现科技文化的重要因素,为此在校园生活上必须营造科技氛围。在校园生活中,升旗仪式是很重要的一个环节。在升国旗的过程中,通过信息技术、科学技术等的应用,使得国旗在庄严的国歌中准确地升起降落。在这个过程中,既可以激发学生的爱国情感,也可以提升学生的民族自豪感,进而可以鞭策学生好学力行,勇于拼搏。

随着多媒体技术、网络技术和创客文化逐渐成熟和完善,信息技术和科技活动已经渗透到教育的方方面面,在融入校园文化建设方面大有可为。

信息技术和科技活动基础设施建设是校园文化建设的重要组成部分,能发挥校园文化的育人作用。科学设计、规范实施、特色鲜明的信息技术和科技活动基础设施，能在潜移默化中营造积极向上、催人奋进的环境氛围。因此学校应该充分利用现代信息技术手段，既可以辅助教学，也可拓展学生的科技视野，发展学生的科学思维，培养学生的科学创造力。信息技术的普及应用，特别是移动设备和自媒体设备的兴起，极大地拓宽了学生的求知途径，扩大了学生的交往面，创造出了更多帮助学生实现自我的空间。

班级文化建设是学校文化建设的延伸和学校文化的内涵发展。学校要以班级文化为载体，将科技教育融入班级的日常建设中。例如，学校在每个班级可以设定不同科学主题的黑板报，让每个班级的学生充分发挥自己的想象力和探究精神，细化板报主题、理念、目标和精神，形成班级发展的事业，使学生养成勤奋思维的习惯。在科技文化的影响下，创新以科学技术为班级精神，努力实现班级发展的愿景和目标。如此一来，不仅提高了学生的学习意识，还进一步增强了班级的凝聚力和团队精神。学生们乐于在浓厚的科学氛围中愉快地创造、学习和成长。

为进一步营造学校的科技文化氛围，学校还积极开展科技讲座，让同学们沉浸于科学的海洋中，感慨世界之大，无奇不有。讲座包含各类科技赛事活动介绍，如科幻小说中经常出现的如何利用数据来抗击犯罪；黑洞照片的拍摄原理及仪器的介绍；海洋微塑料给生态环境带来的影响；漫长进化历程中物种的演变与灭绝；介绍前沿生物技术CRISPR；介绍急救反应；将生活中常见的香水与化学和传统文化联系起来，讲述香气的原理和十二花神的传说等，从多个方面拓宽学生的知识维度，使学生感受到科技的魅力。

科技教育要面向全体学生，为了让学生充分参与到科技教育当中，可以通过建设科技类社团，鼓励学生参加社团活动，充分利用活动时间和假期，由学校老师带领或由学生自主参与科技教育活动，以调动学生学科学、用科学的热情。学校在假期布置以科技为主题的社会实践活动作业，这些实践活动可以独立完成，也可以小组合作完成，在培养学生创造性的同时，又培养他们合作精神。开学后，学生交出自己的作品、研究报告等进行成果展评，然后互相交流。

二、学校科技节组织实施

国与国之间的竞争日益体现在科学技术的竞争，科技人才是科学技术发展的关键因素。党的十九大报告指出："加快建设创新型国家。创新是引领发展的第一动力，倡导创新文化，培养造就一大批具有国际水平的战略科技人才、科技领军人才、青年科技人才和高水平创新团队。"2019年1月，李克强总理在国家科学技术大会上强调：深入实施创新驱动发展战略，加快创新型国家和世界科技强国建设。普通高中生是未来社会的主要建设者，是振兴国家的储备力量。中学肩负着培养未来科技人才的重任，科技创新教育任重而道远。

科技是国家强盛之基本，创新是民族进步之灵魂。青少年科技创新教育是以科学技术知识为基础，以提高青少年学生的科学素质为目的的系统性教育活动，科技创新教育是培养科学技术人才的教育。青少年的科技创新教育是以基础教育为依托，通过科学教育和技术教育的协同组合培养现代化科学技术人才，以传授科学知识和方法，培养学生的科学观念、科学态度、科学思维以及科学实践能力为目标的教育活动。

青少年科技创新教育是以青少年为主体，以学校教育为主阵地，以自然科学学科教育为主要内容，并涉及技术、科学史、科学哲学、科学文化学、科学社会学等学科的整体教育，以期使青少年掌握自然科学的基本知识和基本技能，学会科学方法，体验科学探究，理解科学、技术与社会的关系，把握科学本质，养成科学精神，全面培养和提高科学素养，通过培养具有科学素养的合格公民，发展社会生产力，改良社会文化，让科学精神和人文精神在现代化文明中交融贯通，把青少年培养成为未来祖国的创新型人才。

青少年科技创新教育的目的在于培养青少年的创新精神和实践能力，提高青少年的科技素质和创新能力，鼓励优秀人才的涌现。少年智则国智，少年强则国强。青少年是祖国的未来和希望，培养青少年健康成长是青少年创新教育的职责和义务，青少年科技创新教育应该肩负起这个历史的重任和社会的责任。

在新时期，青少年科技创新教育肩负着培养青少年对科学技术的兴趣和爱好，增强其创新精神和实践能力，引导青少年树立科学思想、科学态度，逐步形成科学的世界观和方法论，是提高我国青少年科技素质，保障我国"科教兴国"战略，顺利实施中华民族伟大复兴的长期战略性工程，因此要从战略的高度充分认识加强青少年科学创新教育的普及工作，提高青少年科技素养和创新能力的重要意义。加强青少年的科学创新教育，为国家的发展提供强有力的人才支撑。

科技教育和活动改变了学生传统的接受式的学习方法，提高了学生的科学素养，已经成为市西校园一道亮丽的风景线。21世纪是科学的世纪，上海申博的成功对科技教育提出了更高的要求，市西中学决心在科技教育方面更上一层楼，在更大的范围内发挥学校科技特色的辐射作用，积极支持、配合、协作市区科技教育活动的开展，为市、区科技教育的普及和深入，起到积极的推动作用和良好示范作用。

市西中学还通过组织科技节、科技读书活动、论文撰写活动、实验设计活动、发明制作活动、科技报告、科技参观等活动，开展普及性教育，提高学生的科技素养。以2002年为例，就组织了近10场科技报告，开展了高三年级学生全员参观科技馆活动，并在科技节中开展了机器人比赛，极大地调动了学生全员参与的积极性。学校还利用自身的科技教育优势，发挥示范性学校的辐射作用。几年来，学校先后接待了国内外参观实验室的来宾数千人，和市西初中、上海市第一中心小学等学校建立了机器人培训联系，和市、区部分学校建立了 TI 培训联系，为嘉定一中派去了指导教师，受到了普遍的赞誉。

在基础型课程中，学校还增加了综合科技教育的内容，引入了 TI 技术、DIS 技术、网络技术、科技实验等内容，提出了教学中应尽可能增加科学史、注重人文精神培养的要求，开设了科学方法的讲座，使主课堂的教学成为科技教育的主阵地。

在校本课程中，市西中学开设了近 30 门与科技内容直接有关的拓展型课程，包括 2049 课程、生活中的物理、食品化验、环境监测、发明制作、天文知识、科技英语等，开设了与学校科技特色项目头脑奥林匹克、机器人、TI 技术、环保知识、地震预报等相配套的特色课程，还自编了校本课程的教材，使科技类拓展型课程的教学传统化和规范化。

在研究型课程中，市西中学开展了科技知识学习、社会、生活科技现象的课题研究活动，成立了科技制作和学生课题研究小组，自编了科技含量很高的《高中综合活动课教材》（文理两册）和《探索与研究》（文理两册），还汇编了学生们的研究成果《思维之光》1—5 册。几年来，学生在研究型课程中完成的论文达 5000 余篇，其中一半以上属科技论文。学生设计的各类实验和小制作数以百计，多次参加了市、区的展示；近 50 项学生课题如《大型绿地对环境的指示作用》《汽车重力发电的模拟》《自动伸缩的雨篷》《会上楼的机器人》等被收录到市教委编撰的多种文选中。

市西中学还强化了学生社团课程（科技类）的教育功能，组建了近 30 个具有科技内容的学生科技社团，如天文社、地理社、程序设计组、3D 制作组、理化实验设计组等，还组建了学校特色项目的学生社团，开展了学习、研究、设计、制作等科技活动。2004 年以来以地理社成员为主要力量的学校地理知识竞赛队，连续获得了静安区地震知识竞赛的一等奖，并在上海市的中学生地理知识竞赛中取得了一、二、三等奖。环保社团连续多年在市、区中学生社团评奖中获得了最高星级，2005年在上海市中学生环保社团秘书长竞选中，市西中学环保组成员最终入选。机器人社团连续四年开发、制作了近20种不同功能的作品，先后两次代表学校参加了亚太地区、欧洲地区交流活动，受到了高度的赞誉。

市西中学还在升旗仪式、午会课、班会课上采用讲座、科学家报告、参观考察、学生实验等形式使科技教育的内容进入课堂、进入校园。2004年以来，学校举办的科学家报告、科技讲座超过了25次，内容包括了航天技术、生物制药、城市交通、武器、潜艇、信息技术、纳米技术、地震知识等。学校还利用升旗仪式等开展科技专题教育，如科技纪念日的活动、科技节开幕式、发奖仪式、活动队展示、科学家见面、科技教室揭牌等，每年有6次之多。

2004年以来，学校还先后组织学生参观了佘山地震台、海洋馆、上海市环境监测中心、上海市废水处理站、垃圾处理站、科技馆、东方绿洲等科普教育基地，人数超过了3000人次。

学校还以大课程观的思想，把校园科技节、科普教育宣传、科普基地考察等也纳入了校园科技文化课程的建设范畴，学校的科技节被纳入了学校四大节日之一。每年的四月份市西中学都利用这个契机，开展科普读书、科普橱窗布置、科普板报设计、科技展板设计，开展方案设计、漫画展示、论文撰写、专家报告、科技知识竞赛、废物利用制作、科技作品制作、OM比赛等一系列活动。2004年以来，他们先后在校内开展了绿色生活、科技漫画、节约能源、防震减灾、环境保护、废物利用制作等各种展示达16次之多，覆盖学校所有的班级，参加学生比例达到了100%。

值得一提的是，在抗击新冠病毒疫情的特殊背景下，2021年的4

月 18 日至 5 月 6 日第 29 届市西中学科技节以"拥抱科技、助力抗疫"为主题，将科技节的比赛从线下移到线上，让更多的同学参与其中，更好地了解防疫和科技知识，培养创新、协作等综合能力。

2021 年的科技节知识竞赛，除了科技知识外，还增加了防疫知识。通过良性竞争激发学生探索兴趣，普及防疫知识及科学知识。与以往线下知识竞赛各班派出代表选手，在会场面对面 PK 的方式不同，本次比赛采用问卷星工具，将比赛移至线上进行，极大地提高了同学的参与度，真正达到向全体同学普及科技防疫知识的目的。

4 月 29 日下午第 6 节班会课，随着上课铃声响起，线上答题系统同步开启。各班同学用电脑、手机、平板电脑等各种移动终端迅速登录，踊跃答题。在 20 分钟的答题时间内，完成比赛的总人数和最高得分不断被刷新，竞争的激烈程度丝毫不亚于线下比赛。

除知识竞赛外，本次科技节各班以"谣言止于智者"为主题制作了防疫知识辟谣微视频。微视频具有作品简短、形式多样、摄制制作方便快捷、便于传播等多种优点。同学们在微视频的制作过程中各显神通，有的采用风趣幽默的语言评述，有的进行严格精准的理论分析，还有的亲自动手实践，用真实的实验结果来粉碎诸如服用双黄连可以预防新冠病毒等各种不实的谣言。一个个精彩的微视频给大家上了一堂堂生动有趣的防疫知识科普课。

为营造浓厚的校园科技氛围，市西中学充分利用画廊、展板等方式对学生进行科普教育，让科技融入学生的生活，对学生的日常学习形成潜移默化的影响。市西中学还积极为学生筹办年级辩论赛，以科技教育为辩论主题，以班级为单位，在准备的过程中，学生深入、主动地对主题相关科学内容积极调研、探讨，在班级内部形成了浓厚的科技学习氛围。在辩论赛中，精彩、亮点纷呈。双方一辩立论时表达流畅、逻辑清晰，而紧接其后的二辩能马上抓住其中漏洞进行质询。三辩的驳论环节也是层层递进引人深思，最后四辩纵观全局、深入分析，使论点得到了升华。整场辩论中，最激烈的环节无疑是自由辩，每位辩手都可谓是口吐珠玑、意气风发，不仅通过协作巩固了己方的论点，还将对方的逻辑漏洞一一道破，整场比赛中科学技术的应用无处不在，科学知识的传播随处可见，对全体在场老师和学生上了一节生动的"科技教育"课，赢得了评委们的赞许目光和台下观众们热烈的掌声。

三、挑战性问题的解决

"大众创业，万众创新"背景下，社会对创新型人才的需求与日俱增。中学生作为国家科技事业发展的后备军，在青少年群体中开展科技教育活动尤为重要，其首要目标就是要培养科学梦想，激发创新思维和创造能力。科技教育不仅包含校内的学科知识学习，也包括形式更为多样、内容更为丰富的校内科技活动。

中学科技教育工作以培养学生科学兴趣为出发点，以启迪学生创新思维为主要途径，以培养学生的科学素养为最终目的。相较于课堂教育，课外科技活动以其知识性与趣味性并存的特点，寓教于乐，对于中学生科技创新素质培养成效明显。通过参加各类创新技术大赛、科创比赛，中学生在这个过程中，通过做中学，玩中学，既能激发出科学兴趣，也发展了科学思维。

为发展学生的科学思维，培养学生的创新能力，培养学生动手与动脑相结合、科学与艺术相结合、科学精神与人文精神相结合的能力，市西中学生物与环保小组从1992年至今，参加了包括生物百项、生物和环境科学课题方案设计、科技创新大赛、壳牌美境环保竞赛、生物学竞赛、生化竞赛等所有的上海市中学生（特别是高中生）参加的竞赛项目，还参加了联合国"国际青少年环境保护论坛"的论文评比，其中三次获得了"上海市生物学竞赛团体优胜奖"，六次获得了团体优秀奖，一次获得了"上海市生物百项先进学校"。在市级和市级以上各类生物、环保科技竞赛中，160多位同学获一、二、三等奖，其中获得一等奖的人次超过了半数，有三个项目在全国比赛中获得了第一名，6人次获得了全国比赛的前三名。

头脑奥林匹克活动在市西中学有深厚的土壤和良好传统，师生们自力更生、群策群力，共同研究创作，在市及市以上的比赛中屡获佳绩。从第5届以来的中国及上海头脑奥林匹克比赛中，OM队共获得28个前三名的奖项，其中包括5个第一名，还先后代表中国参加了在美国、德国进行的世界头脑奥林匹克决赛，取得了第四名、第二名的好成绩。

机器人制作，是学生极为喜欢的项目。短短几年的时间，学校建设了两个专用教室，购置了数十万元的零件和设备，覆盖了三种不同的机型。活动开展以来，已经获得了上海市机器人比赛的11个一等奖、28个二等奖和多个三等奖，获得了全国青少年奥林匹克机器人竞赛的第三名。目前，学校机器人专用教室已经重新设计和改造，零件设备也做了进一步添加。学校还作为教材编写单位，参加了上海市教委教研室组织的机器人制作拓展型课程教材的编制。

TI计算器及CBL和配套探头的应用技术，也是近年学校从国外引进的新鲜技术。它不仅为学生课外科技探究活动提供了定量测定的载体，还把计算机技术、网络技术的学习使用融为一体。两年来学校已投资近30万，不仅购置了设备，还建设了新型的实验室。市西中学的TI发展在市教委和TI公司的全国现场会上，向全国各地的代表和国际代表做了展示。TI项目开展以来，学校已有近10位教师获得了上海市主讲教师的任命，8位教师获得了TI全国优秀论文的一等奖，5位教师受到特邀，参加了美国、深圳、北京的研讨会，2位教师参加了上海市TI技术拓展型课程教材的编写，学校也被授予"TI数理技术实验学校"。2000年以来，学校有近千名学生接受了TI技术的学习，完成了数百篇研究论文，在上海市 TI 物理竞赛中，有 3 位同学获得了金牌，学校也获得了团体一等奖。2004 年学校 TI 数学模型应用论文还获得了全国一等奖。

在科技教育内容上，市西中学形成了四个系列，分别是学习宣传系列、论文撰写系列、科技考察系列、实践操作系列。

梁启超在《少年中国说》中说："少年智则国智，少年富则国富，少年强则国强，少年独立则国独立，少年雄于地球则国雄于地球。"现在，则要说"少年创新则国创新"。民族创新能力的强弱直接关系到中华民族的兴衰存亡。现代科学技术革命，使人类社会的一切领域飞速地改变着面貌，世界各国都在调整各自的战略，努力塑造各自的形象。时代给中国人民以挑战，历史给中国人民以机遇，要抓住机遇，加快发展。教育创新是提高整个中华民族创新能力的基础，为此，要深化课程改革，推进素质教育，培养学生的创造性思维和创新能力。

培养学生的科技创新能力，引导学生开展发明创造活动，最主要的阵地是课堂。好奇心和求知欲是激发学生创造活动的诱发剂，是学生进行创造性活动的原动力。子曰："知之者不如好之者，好之者不如乐之者。"只有从情感上爱好，才能心悦诚服，才会在学习中发挥出最大的积极性与创造性。所以教师在日常课堂教学过程中，也应该注意发掘学生的好奇心，激发他们的求知欲，保护他们的求知欲望。教师要精心设计教学过程，不断变换讲授方式，不断更新教学手段，灵活处理课堂内容，创设愉悦的、生动的、求知的课堂情境，形成良好的氛围，让学生边听边看边思考，调动学生的多种感官来认识理解学习内容，变枯燥为生动，激发学生的求知欲望，引起探索科学世界的好奇心。

只有全面营造科技创新教育的氛围，积极营造科技创新教育的校园文化，才能更好地培养学生的科技创新意识，使学生获得科技创新的能力。

第二节　创新实验室建设

校园是学生最重要的学习环境，校园里的学习空间、设施设备等硬件环境是学校教育中学生最基本的学习条件。在学生个性化学习的实施和推进过程中，学校应该着力于校园环境的优化，为学生提供舒适、安全、可供选择的学习空间，提供学生开展各类活动的设施设备，满足学生个性化学习的需要，从而保证学生积极主动追求发展的校园氛围的形成和发展。

在这其中，创新实验室的建设是非常重要的。它为学生的创新精神和实践能力培养，提供了有效的载体，给学生提供了可以自由想象、自由发挥、自由创造的新天地，创设了能满足个性化、开放式自主学习活动的环境和氛围。市西中学积极整合教育资源，着力建设高中创新实验室，主要的实践探索包括下列三个方面。

一、创新实验室建设基本概况

1998年，在相关大学的支持下，市西中学首创了高中创新实验室建设。首批实验室包括水处理实验室、生物培养实验室、TI技术实验室、机器人实验室，并开始了基于创新实验室的学生研究性学习的探索。随着学校2012年的改扩建工程的竣工和学校的持续建设，至今学校建成了三大类，共计20个实验室[①]。

科学探究类实验室：这是以学生观察自然现象、探究自然规律为主要内容的学习空间，包括TI数学实验室，能源实验室，化工技术实验室，生物技术实验室，环境大气实验室，地震测报实验室等。

---

① 董君武：《个性化学习和系统建构与实践探索》，北京：人民出版社，2017。

科技创新类实验室：这类实验室的主要任务是引导学生运用已有知识和能力，结合自己社会生活和学习实验，发现现实问题，提出解决方案，并努力将方案转化为现实。简单地说，科技创新实验室是学生发挥想象，深层创意，践行创造，追逐梦想的学习空间。这类创新实验室包括机器人实验室，F1 in Schools 工作室，OM 实验室，静态模型实验室，人工智能实验室，汽车模型实验室，自动控制实验室，物联网实验室等。

人文艺术类实验室：侧重于学生人文和艺术科学方面的创新学习与实践，包括史地创新实验室，数字音乐创作室，视觉艺术创作室等学习空间。

创新实验室的建设，为学生的创新精神和实践能力培养提供了有效的载体。下面介绍一些主要的科学探究类和科技创新类实验室的基本情况：

1. 能源实验室

在能源实验室中，布置了展板，如核能、风能、太阳能以及传统火力水力发电的科普知识介绍；安装了大型能源模型，如火力发电机组、太阳能发电机组、核电站安全岛模型和风力发电模型；设置了互动型的人机对话触摸屏。不仅可以用视频动画方式展示各种能源的原理、工作过程、应用状态，还可以和学生进行知识问答、互动测试。能源实验室还配备了相当数量的学生实验器材，如机械能守恒系列、水流发电系列、太阳能发电利用系列、电磁能使用系列，将学生的参观、学习、知识问答、动手实验融为了一体。

2. 自动控制实验室

在自动控制实验室中，设计了"机械开关→电磁开关→半导体开关→逻辑电路→集成电路→微机控制"的实验学习内容。学生们从最简单的电灯控制开始，设计电路、组装电路，体验和完成各种电气控制动作。如电磁控制的抢答器、手动控制的数字灯、自动换相器、光控门、半导体灯光树、传感控制的运动车，都是这一实验室中学生典型的设计。

3. 机器人实验室

机器人实验室是以"乐高"器材为主建设起来的实验室。学生在这里不仅要理解体验机械的结构、实物搭建，学会传动、调速、反馈、传感器控制，还要完成不同需求的程序设计和调试。多自由度的机械手，按照体积、重量、颜色等自动分拣的采集车，上下对接、左右对接的传送带，成为了一个个既具有观赏性又能独立高效工作的机器人。

4. 生物技术实验室

生物技术实验室不仅有恒温、恒湿、无菌的操作条件和环境，还配备了专用的机械设备、光学设备、传感设备，以及电子观测设备、电子测量设备、电子照相设备，承担了数十个需要组织培养、细菌培养、液体分离、色素测定等学生课题研究中的实验。

5. 化工技术实验室

化工技术实验室是以学校传统的"水质化验与处理"课题研究为主线而建设的实验室。它可以通过一系列物理、化学、光学、生物学等手段，化验分析所采样的水质，根据水样的特质，设计水质改善的治理方案，进行实验、比较、调整。完整的实验操作链、方案设计链，让学生体验了环境监测、环境治理的初步方法。

6. 头脑奥林匹克专用教室

头脑奥林匹克专用教室是为头脑奥林匹克比赛集赛前准备和学生想象、设计、制作、表演为一体学习过程设计的专用教室。面对即兴题，学生的思维高度集中、快速运转，要拿出方案，解决一个个障碍；而面对长期题的命题内容，则要自己设计剧本、设计服装、设计背景、设计音乐，不仅要完成表演，更要完成相应的制作，机械加工、道具制作、灯光布置等。所有的环节都需要头脑风暴、团队配合，学生的想象能力、幽默能力、制作能力、应变能力、表演能力在这里得到了充分的发展。

7. TI 数学实验室

数学实验室汇集了多项学生实验的活动内容，包括数学建模、智力拼板、青年理财、TI 手持计算器的使用等。实验室配备了相当数量的计算机、计算器和学生活动器材，配备了四名不同授课内容的指导教师，还和一些知名企业建立了联系，特聘了这些企业的会计师、经济师来校上课。实验室从学生身边的数学现象入手，注重手脑并用、发展学生的思维。

8. 静态模型实验室

静态模型实验室主要用于培养学生的分析能力、动手能力和意志品质。学生在大量模型配件面前，要仔细研读图纸，挑选合适的组件，组装起一件件车模、船模、飞机，还要对这些模型调试、打磨、喷漆、上色、装饰。精细化的制作，个性化的美工，着实是对学生毅力、坚持力的良好训练。

9. 无人机实验室

无人飞机，也是现在社会科技的热点之一。市西中学 2014 年起就开始进行该课程的设计。比如，无人飞机的操控，包括了遥控、计算机控制和人体手势控制；无人飞机的飞行，包括超低空、绕障、GPS 导航、传感器导航；无人飞机的功能，包括航拍实时传输、地面抓取物体、高空投掷；等等。到 2020 年为止，实验室配备了从入门级到高端的多个类别的无人机设备，可以满足无人机社团师生从入门基本教学，到参加各类竞赛，以及活动实景拍摄等各种教学活动需要。

10. 人工智能实验室

在人工智能技术蓬勃发展，列入国家重大发展战略决策的今天，市西中学敢为人先，建成了全国第一所面向高中阶段的人工智能实验室。作为市西中学科技创新实验室平台的重要组成部分，该实验室由互动展示、编程教学、智能机器人无人机专项教室等多个功能区域组成，配备有各种功能强大的实验设备和超算服务器，紧密结合国内第一本《人工智能基础（高中版）》教材的内容，为市西中学人工智能学科相关的校本课程教学活动、研究性课题的开展，以及人工智能科普活动，提供了全方位强有力的支持。

二、创新实验室的功能和定位

创新实验室的功能和定位，是为学生的创新精神和实践能力培养提供有效的载体，给学生提供可以自由想象、自由发挥、自由创造的新天地，为学生创设能满足他们个性化、开放式自主学习活动的环境和氛围。

市西中学的科技创新实验室，聚集了学校内部科技教学资源和校外各个高等院校及高科技企业的合作资源，在学校内部模拟出了一个高度接近真实情境的学习环境，让学生有机会接触到最新、最前沿的高科技技术。

创新实验室的教学与活动通常以项目为形式，学生通过项目化学习，对过程中遇到的贴近真实的、开放性的问题进行研究。在学校教师和合作科研企业单位专家指导下，运用相关的科学技术，解决所研究的问题。通过在创新实验室的锻炼与考验，学生分析问题、学习新知识、实际动手解决问题的能力得到极大的增强，学生的科学素养得到了很好的提升。

下面结合两个实际案例，来进一步阐述创新实验室的功能和定位。

【案例 8.1】F1 工作室[①]

市西中学的 F1 in Schools 工作室,是一个模拟 F1 赛车在赛道上的计时比赛项目的实验室。这个项目,不仅需要学生自己设计并制作赛车、调节轨道、完成电子计时和相关运动的同步,还整合了学校原有汽车、模型、机器人三个实验室的部分实验内容。

这个实验室的教学,既有教师教授(如空气动力的内容)、学长指导(如项目规则)、团队讨论(如汽车的鼻翼设计),但更多的则是反思。市场宣传与募捐失败的反思、车体设计打印(3D 打印)的反思、数控机床加工失败的反思、尾翼破坏的反思、速度不达标的反思、赛车失控的反思等,使学生学习实践活动的构建充满了活力。

F1 in Schools 工作室,围绕模拟 F1 赛车计时比赛项目,开展车队的日常教学、备赛、实战比赛等一整套活动。如同案例中所述,这个项目对于学生团队的要求是全方位的。设计师,工程师,工艺制作师,保障师,缺一不可。学生们在高度接近真实的项目锤炼下,从零学起,从头干起,一点一点将这个看似不可能完成的任务最终成功完成。这个过程当中,他们每个人的分析问题、学习新知识、实际动手解决问题的能力都得到了全面的提升。同时,作为车队的一份子,也逐渐领悟如何进行团队协作,做好沟通交流,来保证团队最终的成功。

而在团队成功的背后,F1 工作室提供的支持保障也是必不可少的。市西中学在 F1 in Schools 车队工作室建设之初,就引进全套的 F1 模拟赛车制造设备,包括高性能电脑、小型模拟风洞、高精度数控铣床、赛车测试赛道及相关控制设备。在这一整套完备设施的支持下,学生才能够完成赛车模型从设计、加工到测试的一个完整的赛车模型研发流程,

---

[①] 董君武、方秀红:《优势学习的理论建构与实践应用》,上海:华东师范大学出版社,2019 年。

充分发挥自己的想象和创造力,来达成自己的最终目标。

【案例 8.2】实验室中的追求[①]

小 Z 同学是他们科技班招收的学生。他从小学开始就喜欢小制作、小创造。他的玩具如小风扇、小火车等,基本上都被他拆卸、重新拼装过。入学后他看见了学校的自动控制创新实验室,就向老师提出了到实验室学习的申请。老师通过了他的申请,并告知他在实验室学习的预约程序。从此以后,下午放学后,尽管其他同学有的参加物理竞赛辅导,有的在篮球场上活动,他总是带领两个同学一起在实验室"穷鼓捣"。三年时间,他先后与同学一起完成了数字灯、电磁控制抢答器、自动收缩的雨棚、遥控机器手等设计制作,还成功申报了 Arduino 控制的空气净化设计的国家专利。小 Z 同学后来被国外一所知名高校录取,博士毕业后又被招聘到著名的贝尔实验室,担任某一类智能电器的首席检测师,并成为了国内两所 985 大学的客座教授。

在谈到高中的学习生活时,小 Z 同学坦言,正是学校创新实验室的环境与氛围,使他找到了自己发展的最佳方向,也为他后来的进一步发展奠定了基础。

市西中学提倡"不以剥夺学生的选择权利换取所谓的高质量"。学生根据自己的兴趣爱好与实际情况,可以参加物理竞赛辅导,参加篮球活动,也可以像小 Z 这样加入创新实验室,鼓捣自己感兴趣的科创项目。给学生提供可以自由想象、自由发挥、自由创造的新天地,为学生创设能满足他们个性化、开放式自主学习活动的环境和氛围。学生正是因为有了自由选择的权利,又有了创新实验室这样能够发挥创造力、想象力的空间,才能更好地为自己的选择负责。通过自己的努力,最大程度锻

[①] 董君武、方秀红:《优势学习的理论建构与实践应用》,上海:华东师范大学出版社,2019 年。

炼自己的实践能力，找到适合自己发展的最佳方向，成就最好的自己。

三、创新实验室的使用与管理

创新实验室作为学校开放自主式学习的重要平台和载体，如何使用和管理好实验室，是非常重要的。空有良好的设施和环境，没有背后良好的维护和管理，不能发挥出创新实验室的最大效能。通过学校科技团队多年的实践和总结，主要有以下几点经验：

1. 开发创新实验室相关的课程与活动体系，给予学生充分的活动时间和自主选择权

要真正利用好创新实验室的资源，必须有与之相匹配的高质量课程作为支撑。市西中学重视培养学生的科技创新能力，开设了近30门与科技直接相关的拓展型和研究型课程，并规定每周有两个课时来开展拓展型、研究课程的教学与活动，这样就从制度上保证学生有足够的时间从中体验科技魅力，学习科技知识，培养研究创新能力。

市西中学还大力开展"基于创新实验室的科学与技术课程群"的建设活动，选拔一批与学校科技特色紧密结合的课程，进行课程与实验环境的建设，以保证这些课程能达到"引导学生利用科学知识技能发现并解决实际问题，培养学生的创新实践能力和敢于质疑的精神"的目的。

以"人工智能初步"课程为例：学校一方面重视课程教材的开发，于2018年参与由华东师范大学慕课中心与商汤科技合作牵头的全球第一本面向高中阶段基础教育的人工智能教材的编写工作。市西中学作为编写单位之一，也在第一时间将其应用到人工智能拓展课的教学中去；与之同步，还建设了国内第一个高中阶段的人工智能专门实验室。该实验室的各个设备，与人工智能课程教材紧密联系，从计算机视觉技术、语音识别技术、智能机器人到无人机等，全方位衔接该课程各阶段的学习内容。实验设施与教材的紧密结合，能让学生真正做到理论与实践相

结合，深入地学习知识，推动后续进一步的研究活动。

2. 积极为学校的社团与科技活动提供支持，鼓励学生参与实验室的管理

学校倡导"活动即课程，实践即学习，经历即收获"的教育主张，高度重视科技社团在科创教育活动中的作用。学校组建了各类科技社团10余个，占全校社团总数的30%以上。而创新实验室则是科技社团活动的平台和主要阵地。每周二、周五下午放学后，是社团固定的活动时间；而且只要社团学生愿意，在提前预约的前提下，每天的中午和放学后，都可以来实验室开展科技实践活动。

例如前面案例提到的F1 in Schools车队，是学校的一个明星社团。学生们在科技总辅导员王纪华老师的指导下，组建FIS赛车队，投身于F1赛车模型的制作中。在实验室提供的专业电脑、数控机床、模拟赛道等先进设备的支持下，他们能让一个50g的小巧模型，在8g的二氧化碳钢瓶作用下，爆发出20m/s的惊人速度。这项活动，对于学生的数理知识、动手制作、艺术设计、企划宣传、沟通营销等各方面的能力都提出很高的要求。学生们也沉浸其中乐此不疲。每到FIS备赛季节，学生们每天放学就直奔实验室，奋战到六七点钟才离开，中午也经常加班赶工，只为打造一个完美的赛车模型。正是在这样日复一日的坚守中，学生不但夺取了FIS上海、全国乃至国际大奖，更锻炼了自己的实践创新能力，发扬了自己的个性，体验了真正的工匠精神。而在这背后，创新实验室是他们坚强的后盾和广阔的舞台。

在这个过程当中，学生也主动参与实验室的管理，严格遵守预约制度，每天使用完毕后都认真进行打扫。每逢学校有重要活动，如每年举行一届的市西中学STEAM科创活动邀请赛，车队的同学们都自觉地参与比赛的组织与支持工作。F1模拟赛车计时赛，每年都是邀请赛的保留项目，赛前车队同学们会自觉地将比赛所需的赛道、计时器等设备从

实验室小心翼翼地搬运到比赛场地中，完成组装和调试。比赛结束后，又第一时间将设备完成拆卸工作，完好无损地搬回到车队工作室里重新拼装，不耽误接下来后续其他比赛的备赛工作。通过参与实验室的管理，学生们在给实验室管理老师提供实际帮助的同时，他们自己的实践动手能力和自我管理能力也得到了很好的锻炼。

3. 建立以预约制为基础的实验室管理制度，做到科学、规范地管理

没有规矩，不成方圆。创新实验室是市西中学学生进行各种科技活动和课题研究的重要场所。只有规范的管理，才能确保实验室设备运行状态的良好，才能确保学生的人身安全，为科创教育活动的开展打下良好的基础。

学校制定以预约制为基础的实验室管理制度。师生使用创新实验室必须经过该室管理人员同意，通过"智慧校园网"平台预约申请并填写相关表单后方可进入实验室；学生使用创新实验室必须在相关指导老师全程陪同下进行；严禁将实验室设备、药剂等带出实验室。如确实需要，必须由指导教师提交书面申请，经该室管理人员审核并报上级领导批准后方可外借。以上这些制度，不管是对教师还是学生，都一视同仁，必须严格遵守。如果违反，视情节轻重，给以相应的处分，包括赔偿财产损失、停止使用权限以及上报校方等。只有这样，才能保证科创活动平安有序地顺利开展。

实践证明，严格的管理制度，不会对学生的科创活动产生不必要的限制。相反地，正是这个制度，为保障实验室的财产安全，为学生充分发挥他们的自由想象力，提供了有力的保障。

附：市西中学创新实验室使用规范

进入创新实验室工作的师生，必须严格遵守实验室的规章制度，服从管理老师的安排和管理，保持室内肃静和整洁，做到文明实验。

师生使用创新实验室必须经过该室管理人员同意,预约申请并填写相关表单后方可进入实验室。

学生使用创新实验室必须在相关指导老师全程陪同下进行。

使用仪器设备必须严格遵守操作规程,禁止私自移动、拆卸实验室设备,物品使用后应及时归位,设施发生故障或损坏应第一时间报告实验室管理人员。

严禁将实验室设备、药剂等带出实验室。如确实需要,必须由指导教师提交书面申请,经该室管理人员审核并报上级领导批准后方可外借。

学生若进行危险性实验(如机床加工、电锯切割、生化危险品实验等),需提前准备相应方案,做好防护措施,在指导老师看护下进行。

禁止使用自带的计算机外围设备(如U盘、移动硬盘等),特殊情况应征得管理人员的同意。禁止删改计算机系统配置及文件或在计算机上玩游戏。

严禁将饮料、食物带入创新实验室内。贵重物品(如笔记本电脑)请随身携带,自行妥善保管。

创新实验室每次使用过后必须打扫卫生。离开实验室前必须切断电器电源,关好门窗,经该室管理人员检查通过后方可离开。

若师生违反上述规定,实验室管理人员有权令其停止。因个人不当操作造成人员伤害,需承担相应责任;造成设备损坏,须照价赔偿。情节严重者将上报学校有关部门给予相应处分。

第三节 漫思实验室的建设

漫思(英文 Minds,也是数学 Math 的谐音)实验室以市西中学学校整体因材施教的推进为研究目标,试图突破相对封闭、单一的教室,建构包括网络平台的开放、多元的教学空间和环境；突破以教师讲、学生听为主的教学方式，建构多种学习方式融合的教学方式；突破以年龄为依据安排的教学进程，探索以学业水平与发展状况为安排的主要依据。依托信息技术，运用自主研发的学习平台和资源平台，探索"线上学习与线下学习""独立学习与合作学习""自主学习与师生互动""接受性学习与探究性学习""课内学习与课外学习""书中学与做中学"相结合的学生个别化学习方式，形成以及时反馈、即时诊断、精准推送为特征的学生学习与改进策略。

线上线下融合的混合式学习将面对面的课堂教学和网络化学习的优势结合起来，在学习过程中既重视教师引导、启发、监控教学过程的主导作用，又能发挥学生的积极性、主动性和创造性，可能会成为后疫情时代的重要教学方式。基于技术应用环境的建设与应用，通过充分选择的学习，更好地培养学生学习兴趣，激发学习动机；通过基于诊断的个别化学习，更好地提高学生学业能效，节省学生学习的时间成本，更好实现学生全面而富有个性化的发展。

漫思实验室第1轮教学实践中，他们以物理、化学、生物3门学科，3个课时连上，9位教师（4个物理3个化学2个生物）进行指导，4个行政班学生（简称3384模式），同时进入漫思实验室学习。随着教学改革实践项目的推进，他们将继续探索，理化生和信息技术4门学科4个课时，高一、高二多个班级共同参与的漫思实验室课程。

一、漫思实验室基本概况

2019年市西中学在好学力行楼四楼打通原有教室和办公室，打造了漫思实验室。走进漫思实验室，不同功能和不同风格的学习区域尽收眼底。学科教室区别于传统教室"插秧式"桌椅的摆放，课桌椅的灵活组合、随意布局，方便开展师生互动式学习、小组合作学习。共享学习空间整体布局宽敞、通透、开放、舒适，最大限度地为学生的独立学习、自主学习、研究性学习创造了条件。在这里，学生根据自己的学习特点，可以进行网络内容的学习，也可以独自冥想、阅读摘录；在这里，学生能够根据自己的学习风格、学习习惯、学习方式去任意选择，从而形成具有个性化的学习模式，成为自主学习的驾驭者。在漫思实验室里，每位教师和学生既是学习者，又是智慧与思想的贡献者。由此，学校成为所有成员智慧与思想互联的共同体。

优势学习理论认为，学习空间的连续性、学习时间的选择性、学习内容的丰富性和学习方式的多样性是优势学习的四个重要方面。基于优势学习理论，市西中学创造性地建立"思维广场"，由空间引发学习的变革，在"思维广场"的基础上，漫思实验室整合了教室、图书馆、机房、实验室和线上学习技术平台的学习时空的功能，把课程的多样化选择性、教学方式的个性化互动性以及现代信息技术的资源化便捷性三者有机地融合在一起，为教育更多关注"人"的发展提供了很多新的"可能"。它使现代先进的教育理念和课程教学理念落了地。从而引发学校课程、教学及管理等连锁性变革，使校长的课程领导力带动提升了学校管理团队的课程领导力，并成功转化成为教师的课程领导力。

思维广场在语文、英语、政治、历史、地理等学科的教学中已经有了很好的反响，市西中学正在探索物理、化学、生物、信息技术等自然学科，如何利用空间的变革引发学习的变革。漫思实验室为理科的思维广场教学提供了很好的空间和平台开展线上线下方式融合的教学工作。后疫情时代刚拉开序幕，基于漫思实验室的环境模式，相应课程的开发尚属教改前沿。

漫思实验室空间如图 8-1 所示，主要分为学科教室、公共学习区域、实验室三大功能区。

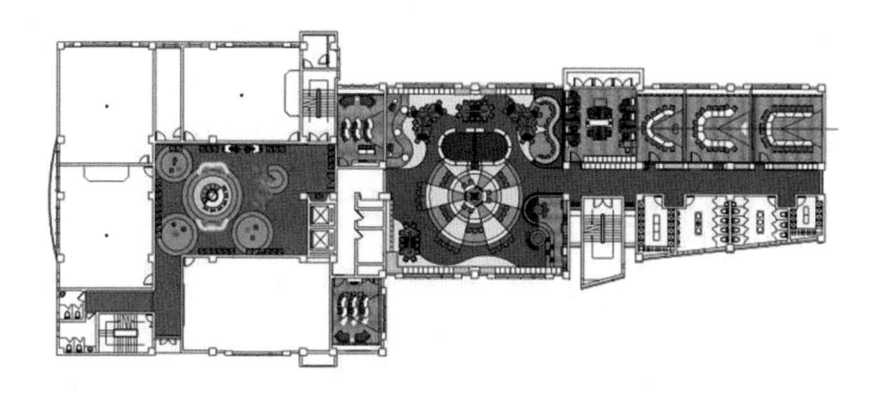

图 8-1

学科教室

漫思实验室共有 5 间学科教室，数学教室、语文教室、英语教室、理化生教室、政史地教室。每间学科教室可以容纳 20—24 人同时学习。学科教室内配备实物投影仪、电脑、希沃白板、翻页器、麦克风、音箱等。除了先进的教学设备以外，学科教室的墙面，是可以自由书写的，每个学科教师都配备若干可书写、可擦拭的白板笔。教室的桌椅可以自由移动，便于学生在讨论过程中使用。每间学科教室配备的桌椅也不一样，例如理化生教室是可以排成长列的桌椅，数学教室是梯形的，也可以任意自由组合的小桌子，英语教室的桌椅是六边形，政史地教室的桌椅是带滑轮的，也可自由移动的一体桌椅。桌椅根据需要可以组合成各种形状，便于学生讨论。

公共学习区域

漫思实验室的左侧是一个开阔的空间，错落有致的桌椅提供给三两同学结伴或独立学习。中央区域放着一个柱形书架，供给多个学科、各类语言、不同程度的书籍，同学们可以借阅适合自己的书籍。围绕着柱形书架有一圈桌椅，暖黄色的光照亮了整个环形桌椅，营造了良好的学习氛围。在外周的区域，漫思实验室还设立了许多座位数不同的独立桌椅，方便不同需求的课程或师生自行选择合适的区域开展学习活动。值得一提的是，漫思实验室还设置了舒适的懒人沙发在两侧的平台上，配备比较低矮的桌椅及温馨的抱枕，方便师生惬意地在平台上活动。

走廊尽头还有多间独立教室的黑板以及一体式的桌椅，也为师生提供了极大的便利开展自主学习。

公共空间还配有印着二十四节气和 108 种化学元素信息的书柜，方便同学穿梭不同教室时自主寄存物品和取用。漫思的公共学习区域桌椅排列有不同形式和组合，同学可以根据合作学习的需要或自主学习的需要进行选择。

图 8-2

实验室

漫思实验室的实验室区域，包括综合实验室、物理实验室、生物实验室和化学实验室，还有常规实验室可供同学做实验，漫思实验室上课期间全程开放，学生可以根据个人讨论场次进行选择，非讨论时间可以在实验室自主实验，通过动手实践来验证实验现象，探究实验过程，设计实验方案等。综合实验室除了常规实验室的基本功能外，还提供实验过程视频录制，可供师生共同探讨以及指导操作。实验区域为漫思实验室在"做中学"提供很好的基础，使"做中学"与"书中学"的结合成为现实。

二、漫思实验室特点功能

漫思实验室依托信息技术，运用自主研发的学习平台和资源平台，探索"线上学习与线下学习""独立学习与合作学习""自主学习与师生互动""接受性学习与探究性学习""课内学习与课外学习""书中学与做中学"相结合的学生个别化学习方式，促进学生的个性化发展。例如表8-1提供的漫思实验室课程空间的安排。3个课时分为6个20分钟的时段，每个时段都有物理、化学、生物至少一个主题讨论场次，学生可以根据自己的兴趣，自由选择不同时段、不同科目的讨论主题。如果某学生对这3门学科都不感兴趣，等级考可能选择政史地，则可以一场讨论都不参加，只需完成课前检测的合格考程度的基础题即可；如果某同学对物理特别感兴趣，选择两场物理不同主题的讨论，生物和化学都只完成课前检测作为合格考科目，也是允许的。学生享有充分的选择权，这与市西中学"选择形成责任"的教育理念高度一致。

"线上学习与线下学习"，这是漫思实验室与思维广场最大的不同之一，漫思实验室将基础知识放到课前自学，教师提供学习资源，例如将基础概念的辨析等讲授性的知识制成5—8分钟的微视频，上传到技术平台，布置给学生，并提供基础知识的检测题目，一般是选择和填空为主的简单概念辨析类，教师根据学生完成练习的平台统计反馈情况，备课调整教学内容，再进入漫思实验室进行师生互动学习，从而实现"线上学习与线下学习"的结合。

表 8-1

场所	时间	场次	讨论室、人数及学习内容				
			402室(22人)	403室(10人)	404室(22人)	405室(22人)	411室(22人)
漫思讨论室	12:50—13:10	预备场	自主学习				
	13:10—13:30	第一场	化学讨论一	物理讨论七	物理讨论七	生物讨论一	物理讨论一
	13:30—13:50	第二场	化学讨论二	生物讨论七（按需）	生物讨论七（按需）	生物讨论二	物理讨论二
	13:50—14:10	第三场	化学讨论三	机动	机动	生物讨论三	物理讨论三
	14:10—14:30	第四场	化学讨论四	物理讨论八	物理讨论八	生物讨论四	物理讨论四
	14:30—14:50	第五场	化学讨论五	生物讨论八（按需）	生物讨论八（按需）	生物讨论五	物理讨论五
	14:50—15:10	第六场	化学讨论六	机动	机动	生物讨论六	物理讨论六
实验室	全时段开放	物理实验室	307室—309室		学科实验及探究性实验		
		化学实验室	507室—509室		学科实验及探究性实验		
		生物实验室	407室—409室		学科实验及探究性实验		
		多学科综合实验室	411室		多学科综合性实验		

"独立学习与合作学习",在漫思实验室学习过程中,学生可以通过自己看微视频或看教材来学习,也可以通过同学之间讨论交流、合作探究的方式学习,公共学习区域可以独立学习,也可以与同学交流合作学习,还可以在实验室通过实验探究合作学习,真正地实现独立学习与合作学习的结合。

"自主学习与师生互动",漫思实验室课前的自主学习,与课上的师生互动学习,实现了自主学习与师生互动学习的结合。

"接受性学习与探究性学习",学生既可以从视频或教师提供的资料当中了解实验现象,也可以通过在实验室动手做实验验证相应的实验现象,或者动手探究自己设计的实验方案,在动手实践过程中体会实验方案的不足并进行改进,改进后可以再次进行实验,真正做到在探究过程中学习。

"课内学习与课外学习",漫思实验室当中,学生只需要根据个人兴趣选择讨论场次,在非讨论时间内,可以进行自主学习,自主学习的内容可以包括课内知识,也可以是课外等级考拓展的内容,做到课内学习与课外学习相结合。

"书中学与做中学",漫思实验室与思维广场最大的不同,漫思实验室提供了实验区域,对于自学和讨论中无法确定的实验问题等可以通过做实验来验证,实验是检验理化生等自然科学的唯一标准,一般的实验都可以通过学生动手实践操作得到实验结果,记忆会很深刻,这是理论交流中无法获得的。

三、漫思实验室教学标志

漫思实验室教学流程,对于教师而言,一般提前两周由物理、化学、生物各备课组确定教学内容,初步设计好任务单,三门学科三个教研组共同研讨,确定讨论主题场次安排,各学科再返回修改完善任务单，并录制基础教学视频，作为视频先导，供学生观看学习，并提供相应的基础检测题，题型以选择填空为主，再基于学生作答反馈情况备课，对讨论内容进行微调。

漫思实验室学习指南：对于学生而言，前一周可以拿到任务单，根据任务单提示的内容，进行自主学习，可以自己看书学习，也可以观看老师录制的视频先导，还可以通过其他方式学习，然后完成平台提供的检测题目，并根据个人兴趣自主选择讨论主题，提前一天预约自己感兴趣的讨论时间和场次，在预定的时间内进入学科教室进行师生互动学习，在非预约的时间内，可以自主选择在实验室做实验学习，也可以在公共空间学习等。

教师备课时为学生设计学习任务单，明确学习目标、学习内容，提供学习方法指导和可供选择的讨论主题，包括必备基础和要求、实验建议和指导，课后巩固练习等；并提出反馈和评价要求，还要确定适应不同学生要求的讨论主题的时间、地点安排。学生根据任务单和自己的需要，自主选择安排，或单科学习，或跨学科学习，或独立研习，或合作学习，或进入讨论室参加主题讨论，或自主发起主题讨论，邀请同学一起研讨，最终选择自己擅长的方式，以报告、论述、展示、创作等形式呈现学习成果。

在任务单确定的学习目标引领下，学生在学习内容、方式、时空、伙伴等方面具有充分自主选择权，激发学生思考。学生学习积极性受到激发，主动进行知识建构，掌握学习主动权，认识自己的学习优势，在深度学习的愉悦体验中，更好地引领学习与发展，并进一步转化为学习的内在动力，转变学生的学习习惯，改善学生的学习行为，实现学习的深度变革。

随着漫思实验室时空的突破，特别是教学流程的再造，给予学生进行深度学习和思维挑战的机会，激活了学生的思维，转变了学生的学习习惯。漫思实验室的教学流程也逐渐延伸到了传统教室，建构起聚焦思维培育的漫思实验室教学模式。

结合课前视频先导学生反馈的情况确定任务单，老师要设计每个课时2—4个不同主题的主场讨论。任务单中包括综合实验室的实验，还有学生需要看的教材或查阅的资料等。后期实践中老师将编制导学手册，要兼顾学生学习过程的记录功能，具有成长档案袋的作用，同时还要辅助线上记录，就形成了完整的学生学习的"自画像"。对学生总结反思等的评价探索，及时进行优秀作品展示。如线上记录讨论过程精彩视频/照片等，精彩的海报、小组交流作品等，同学可以通过平台继续讨论发表自己的观点，对课堂的延伸，进一步拓展线上的自主学习和深度学习。

四、漫思综合实验室配套

市西中学"聚焦思维培育和优势学习"，创建了多维立体的学习环境——漫思实验室，运用这一新型学习环境，通过教学实践，变革传统教学方式，立足课堂教学主阵地，同步研制教学方案，探索学科、教师、班级和课时的不同组合形式。学生根据漫思实验室课表和学习任务单自主安排单科或跨学科学习，自主选择学习目标、内容、方式、时空和伙伴，开展自主研习、实验探究、分享交流。经过多轮实践，再造"目标引领—视频先导—自主学习—练习反馈—释疑深化—思辨提升"的教学流程，形成关注深度学习和资优学生理科思维广场教学模式。漫思实验室教学模式关注学生理科思维差异，提供充分选择，激发学生内在动机，转变学习习惯，改善学习行为，提升学习能力和思维品质，实现学习的深度变革。漫思实验室的实践探索，将知识学习"合乎规律"地移出传统课堂，引导学生适合教育，使所有人的智慧与思想互联，构成了未来学校的一种存在形态。

人工智能等信息技术的迅猛发展与广泛应用，正在改变着世界，改变着人类生存与生活方式。这是一个变革时代，一个需要逻辑思考与伦理重构的时代。技术与教育的深度融合，也必将改变教育，教育必将因信息技术的融入，而像医学一样更加凸显其专业特质。

面向未来的教育，教什么、学什么，怎样教、怎样学，课堂教学必将随技术的应用而发生根本性变革，这样的变革本质上是一种教育合规律的实践。上海市市西中学在"'思维广场'撬动教学深度变革、实践'优势学习'研究"基础上，启动了主动探索未来学校存在形态的实践性研究项目——漫思实验室，明确提出了通过技术的应用，再造课堂教学流程，将知识学习移出传统课堂的变革实践。

实验室的建设为呈现未来学校形态做好储备，将知识学习合规律地移出传统课堂，在传统的课堂之外，运用互联网络、移动终端等技术与资源，实现适合学生的教育。而在课堂教学中，可以更好地"引导学生适合教育"，使教育合乎目的，更好地体现教育的目的与方向性要求，更好地关注能力培养与素养提升，更好地实现思维的培育和思想的创生。特别是在面向技术与教育日趋深度融合的未来，学校科技教育将更加专注于引导学生适合教育，这或许是未来教育改革与发展的走向之一。

附：漫思实验室规范

教师规范

设定闹钟提醒，杜绝拖堂。20分钟包括课前拿到预约单点名和结束转场，所以讨论一般不超过18分钟。对参加讨论场次的同学做好评价记录。

课前检查设备仪器是否正常以及白板笔是否足够等。

讨论场次结束关闭所有设备并复位（指导学生桌椅复位）。

12:55—13:10课前巡场（每次两人，学生提前5分钟进入漫思），解答学生疑问等。

学生规范

漫思空间自主学习期间不得大声喧哗，同学讨论交流问题，以不影响第三人为准。自主学习期间不得做与学习无关的事。

选择第1场的同学直接进讨论室自主学习并候场。

所有漫思空间的桌椅用后都要复位，包括自主学习空间和讨论室。讨论场次结束后，椅子复位（桌子固定），参考投影旁粘贴的原始座椅排列照片。

在3—5楼实验室和漫思之间直接往返，不在走廊等其他空间逗留。（三楼物理实验室，四楼生物实验室，五楼化学实验室）

讨论场次选择。人均2—3场。每个同学至少选1场。不建议超过3场。

场次预约

任务单上明确场次时间和内容（ABC水平），同学根据自己的兴趣，在时间不冲突的情况下，选择1—3场，并且明确自己的志愿顺序。

共享文档预约定时开放，同学自主编辑预约。如果网络故障等特殊情况，则采用纸质预约方式，每场讨论一张预约单（8场物理6场化学6场生物）。根据通知时间，先去自己最想去的那一场排队填写姓名，然后去排第二想去的场次。如果剩余空间还有想去的场次，可以填第三场。（注意时间不要冲突，例如物理选了第一场，那化学/生物第一场就肯定参加不了。）

每场预约人数上限。生物405教室略大24+1（学生+教师）。物理和化学各20+1。

参考文献

1. 张小伟:《如何在活动中培养学生的耐挫能力》,《小学教学参考:综合版》2008年第9期。

2. 林勤:《高中生高阶思维能力培养的实践研究》,上海:华东师范大学出版社,2019年。

3. 林勤:《物理课堂故事》,上海:华东师范大学出版社,2017年。

4. 董君武、方秀红:《优势学习的理论建构与实践应用》,上海:华东师范大学出版社,2019年。

5. 董君武:《个性化学习的系统建构与实践探索——以上海市市西中学为例》,北京:人民出版社,2017年。

6. 陈伟新、叶品等:《让每个学生创意翱翔——头脑奥林匹克活动30年》,上海:上海教育出版社,2017年。

后 记

科技教育是高中生素质培养、全面发展的重要内容，不仅可以提升学生的问题意识、发现能力、想象能力、思维能力、动手实践能力，也是中学生意志品质培养、科学精神和创造能力培养的重要途径。

上海市市西中学从20世纪80年代起，经历了"重点项目引领—校本课程普及—科技环境支持—创新实验室实践—形成品牌特色"的发展阶段，使学校科技教育取得了令人瞩目的成效，也荣获了"上海市科技特色示范学校"的称号。

学校科技教育的组织与开展，需要教育理念和办学目标的引领，需要环境设备等硬件条件的保障，需要秋季课程教学的支持，更需要有一支不计名利、愿意全身心投入的科教教师队伍。几十年来正是这支队伍的辛勤努力和智慧才华的奉献，才使得市西中学多次在国际、国内大赛中取得了殊荣。本书就是部分科技教育一线教师在科技教育中的经验和总结。郑岚与林勤老师一起讨论了本书的总体结构与大纲，又共同确定了书稿撰写的人员分工与具体要求，形成工作总结与书稿撰写计划与日程安排，并与每一章节的撰写者逐一讨论写作提纲，确立核心观点。最后，林勤与郑岚老师对每一章节都进行了修改和统稿。每一章节的执笔人员分工如下：第一章，郑岚（第1、3、4节）、钱晋（第2节）；第二章，郑岚（第1、3节）、王霄驰（第2节）；第三章，郑岚（第1节）、王巍（第2节）、王霄驰（第3节）；第四章，郑岚（第1

节）、杨浩（第 2、3 节）；第五章，徐欢欢（第 1 节）、潘杰峰（第 2、3 节）；第六章，王霄驰（第 1 节）、徐欢欢（第 2 节）、郑岚（第 3 节）；第七章，郑岚、钱晋；第八章，徐欢欢（第 1 节）、钱晋（第 2 节）、依秀春（第 3 节）。在案例的撰写中不仅包括了部分科技教师、理科教师，也包括了部分文科教师，在此一并向他们表示衷心的感谢。

从 2021 年 3 月起，市西中学开始了"学术性高中"的建设，包括学生研究院的创立、学生学术规范教育、学生自我选择的课题研究、有能力的学生提前进入某些科学内容的学习等，这些都与学校的科技教育密切相关。例如，学生研究院的活动、学术规范的体现、学生的课题研究，不仅在很大程度上需要科技教育、学生科技水平的支撑，也将在学生学术素养、学术品德的培养方面成为良好的载体，充分体现了科技教育在学校内涵发展和学生培养工作中的功能与地位。

2020 年 9 月 11 日，习近平总书记在北京主持召开科学家座谈会并发表重要讲话。总书记指出："好奇心是人的天性，对科学兴趣的引导和培养要从娃娃抓起，使他们更多了解科学知识，掌握科学方法，形成一大批具备科学家潜质的青少年群体。"总书记的讲话，为基础教育、科技教育的实施，指出了明确的方向。好奇心、兴趣、科学知识、科学方法、科学家潜质也成为了学校科技教育中的目标和任务。我们有决心，也有信心，不辜负总书记的嘱托，踏实工作、创新发展，使学校的科技教育在原有基础上，形成新格局，获得新突破，取得新发展。